いまを抜け出す「すごい問いかけ」

エグゼクティブ・コーチ
林 健太郎

自分にかける言葉が、想定以上の自分をつくる

青春出版社

「自分に問いかけると人生が変わる」

この本でお伝えするのは、あなたの人生を、
あなたの見えている世界をがらりと変えてくれる
「自分への問いかけ」です。
必要なのは、自分だけ。相談相手は必要ありません。
自分で自分をコーチングするための「問いかけ」を紹介します。
そして、その質が上がれば、人生の質も上がります。
「自分への問いかけの質が上がれば、人生の質が上がる」
この言葉を、本書を手にしてくれたすべての方に贈ります。
ぜひ、「自分の人生の質を上げる問いかけ」の在庫を増やしてください。

エグゼクティブ・コーチ　林　健太郎

『いまを抜け出す「すごい問いかけ」』目次

序章 「自分への問いかけ」で、明日は変わる

第1章 今の自分に満足できないときのすごい問いかけ …… 37

第２章

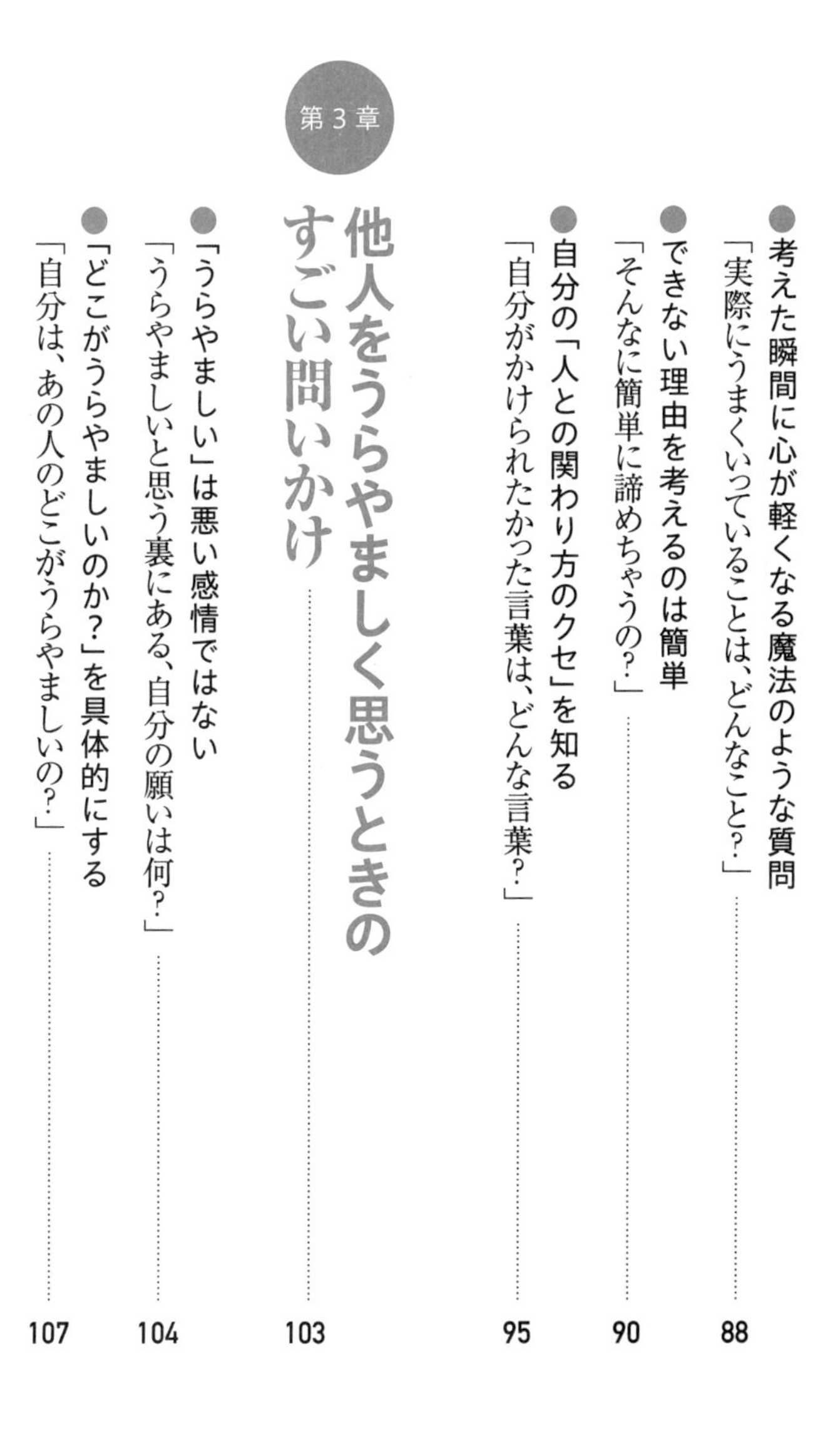

第4章

人間関係に悩んだときのすごい問いかけ

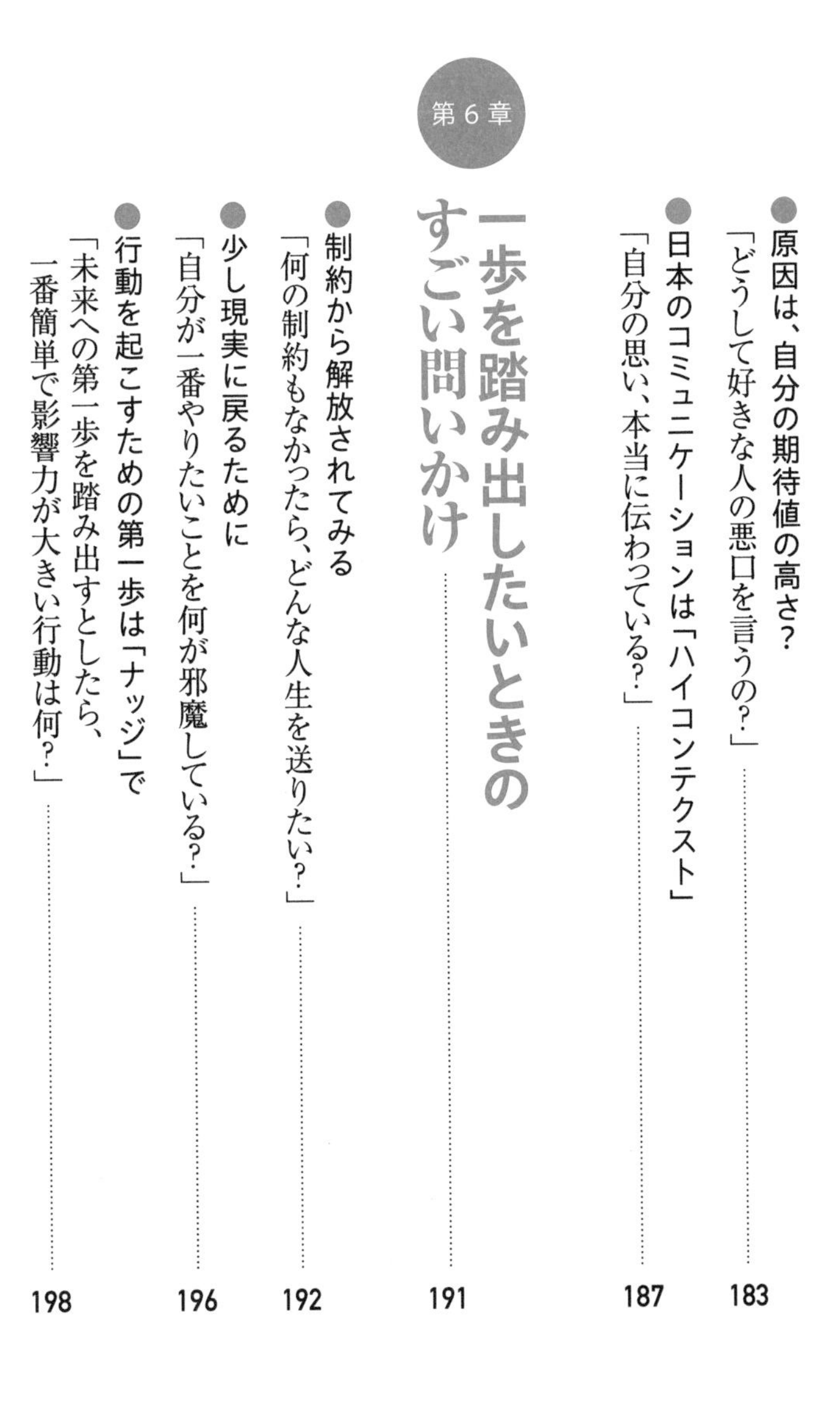

第6章

一歩を踏み出したいときのすごい問いかけ

序章

「自分への問いかけ」で明日は変わる

プロのコーチに投げかけられた、意外な「問いかけ」

「ケンタロウ、君の夢は何？」

そう問いかけられたとき、私は人生最悪の状況にありました。

当時の私は30歳。２００７年、コーチングと出合う前でした。会社を辞めて起業をしたものの、取り組む事業はすごい勢いで失敗し、貯金はどんどん減っていきました。妻が妊娠しているというのに、明日の仕事もないのです。

自分よりぜんぜん努力していない（ように見える）周りの人たちが、それなりに事を成しているのに、どうして自分だけがこんなにうまくいかないんだろう？

そんな、ろくでもないことばかりを考えていたときのこと。知人を通じて、アンソニーというオーストラリア人のエグゼクティブ・コーチと知り合いました。

いちばん最初の問いかけも、初対面のアンソニーに投げかけられたものです。

私がアンソニーに会いに行ったのは、コーチングを受けるためではありません。「もしかしたら仕事を紹介してくれるかもしれない」と、藁にもすがる思いで、指定されたホテルのラウンジに出向いたのです。

もし仮にアンソニーからの問いかけが「どんな仕事に就きたい？」とか「いくらくらい稼ぎたい？」とかだったとしたら、私も即座に答えられたでしょう。

しかし、自分の夢を聞かれるなどとは、まったく考えてもいませんでした。

予想していなかった質問に、私は口ごもりました。特にこの時期は、毎日の生活に追われていて、将来について考える余裕などありませんでした。

だからといって、ずっと黙っているわけにいきません。自分のなかでは長年願い続けてきたものの、人には恥ずかしくて言えなかった「夢」をポロッと口にしました。

「えーと、フェラーリが買いたいかな」

「なるほど、フェラーリが欲しいんだね。何色のフェラーリが欲しいんだ？」

「色？　そう、赤いフェラーリがいいかな」

「赤いフェラーリが欲しいんだね。ほかには何かあるかね？」

「う～ん、できれば青いフェラーリも欲しいかな」

「ほかには？」

「ついでに黄色もあれば」

「オーケー、車を買うことが一番なんだね。ほかにはあるかな？」

「家が欲しいですね」

「なるほど、いろいろ出そうだね。それじゃ、君の夢をリストにしてみよう」


アンソニーが紙を出したので、私はそこに思いつくままの夢を書きました。

アンソニーは、そのリストを見ると、こう言ったんです。


「ケンタロウの夢はお金があったら叶うことばかりだな。君の人生は金だね」


仕事はくれないわ、あげくの果てに人を守銭奴呼ばわりするわ、「なんだコイツ」と思ったのですが、アンソニーのほうは平気な顔です。

「私をコーチとして雇う気があるなら、ここに連絡してくれ」なんて言いながら連絡先を渡してきたのです。仕事を紹介してくれないなら長居する理由はありません。私はその場をあとにしました。

さて、その帰り道。

電車に揺られながら、私は悶々とした気分で、ずっと考えていました。

「君の人生は金だね」と言われたときには、強烈な違和感がありました。

でも、考えると、たしかに「お金で買える夢」しか出てこなかったのも事実。

「あれ？　だから自分はうまくいかないのか？」

ついさっき出会ったばかりのオーストラリア人から、たったひと言、「君の夢は何？」と問いかけられただけで、その1時間後には、今まで考えもしなかった思考が導き出されたのです。

これは、「どうして自分だけうまくいかないんだろう？」という問いかけをしていたときには、まったく出てこなかった考えでした。

人は、問いかけの質が変わるだけで、思考に変化が起きる。


そのことに気がついた私は、すぐにアンソニーに連絡して告げました。

「コーチングを受けたいです」

これが、のちに自分自身がエグゼクティブ・コーチとなる私と、「コーチング」との初めての出合いでした。

言葉が人の可能性を最大化させる

ご挨拶が遅れました。

こんにちは。エグゼクティブ・コーチの林健太郎と申します。

私は2010年にプロのコーチとして独立して以来、これまでに、日本を代表する大手企業や外資系企業、ベンチャー企業や家族経営の会社まで、さまざまな経営者やビジネスリーダーに対してコーチングを実施してきました。

さて、あなたは「コーチング」と聞いて、いったい何をやるのか、イメージできますでしょうか？

「コーチングとは？」という説明を、ごく簡単に、ひと言で言うとこうなります。

コーチングとは、対話によって相手の可能性を最大化させる手法。

「対話によって」とはつまり、相手に「問いかける」ということ。

ここで注意したいのは、**相手に自分の意見を押しつけてはいけない**という点です。

日本では、たとえば上司が部下に対して上から目線で、つい「こうしたほうがいいよ」などと、「指導という名の押しつけ」をすることが多いように思います。これでは、依存関係ができあがって、部下は自分で考えなくなってしまいます。

上司からのアドバイスや、それこそ占いなど、受動的な体験では、ごく短期的な成功体験は得られても、内発的動機というか強いモチベーションを得ることは困難です。

コーチというと、一見、師弟関係のように聞こえるため、誤解されやすいのですが、**コーチングの本質は、問いかけによって相手に自分で考えさせ、自分で気づかせるこ**

となのです。

そして、その「問いかけ」のなかでも、とくに有効なのが、相手が「えっ?」となるような**「意外な問いかけ」**です。

つまり、**コーチの最大の役割は、「予想外の問いかけを相手に提供すること」**だと言えます。

その意味では、先のオーストラリア人コーチ、アンソニーの「ケンタロウ、君の夢は何?」は、私にとって、まさに予想外の問いかけでした。その問いかけにまんまとハマり、私は自ら悶々と思考し、自分の可能性を最大化させるヒントを導き出したというわけです。

ちなみに、私はよく、このコーチのイメージを登山隊に同行する山岳シェルパ(道案内人)にたとえています。

山岳シェルパは、お金をもらってお客様に登山体験をしていただくのが仕事です。

ですから隊が問題なく進んでいるときは、黙って後ろを歩いて見守っています。そして、要所要所や危ないときだけ前に出てきて遭難を防ぐ。自分から道筋を押しつけることはせず、登山隊に**自力で考えさせるのが基本**なのです。

問いかけて、話を聞いて、整理する。あとは自力でどうぞ……そんなところが、コーチの在り方にとてもよく似ていると考えています。

コーチは、**相手の「人生という登山」を助けるシェルパのようなもの**と考えていただければわかりやすいのではないでしょうか。

「問う」習慣をもつと何が起きるか

話を戻します。

アンソニーにコーチングの依頼をした私は、その後、月に一度の頻度で彼のコーチングセッションを受けることになりました。

コーチの役割は、相手に予想外の問いかけをすることでしたね。

毎回、アンソニーから予想外の問いかけを受けていた私は、どんなに予想外の問いかけにも、**「問われたら考える、そして答える」**ことが習慣になっていきました。

アンソニーからの問いかけがなければ、おそらく一生考えることがなかったはずの内容について、**「考える」ことが習慣になっていった**わけです。

その結果、私のなかで何が起こったか?

自分の思考が深まり、思考する範囲が広がったのです。

そうこうしているうちに、今度は、だんだんとアンソニーが何を問いかけてくるか予想できるようになってきました。

日常生活を送るなかで、**「プロのコーチなら、この件について、こんなことを聞いてくるだろうな」**と、自分で考えられるようになったのです。

それはつまり、**自分自身が、自分のコーチとして機能するようになった**ということにほかなりません。

このように自分が自分に「問い」を立てられるようになれば、コーチが問いかけなくとも自力で「問う」、そして「答える」ことができるため、コーチに内情を説明して、問いを待つという時間を大幅に短縮できます。問題解決や洞察を得るための時間を短くできるというメリットがあります。

もうおわかりですね。

私が本書であなたにお伝えしたいこと。

それは、**あなたがご自身で自分の可能性を最大化する（コーチングする）ための「問いかけ」の数々**です。

プロのコーチに依頼すれば、優れた「問いかけ」が与えられるのは当然ですが、それにも費用がかかるので現実的ではありません。もし仮に自問自答の質を上げられたとすれば、コーチに依頼せずとも必要な答えを出すことも可能ですし、プロのコーチングを受けるときの準備もはかどると思います。

本書では、さまざまな場面で実際に使える「問いかけ」を紹介いたしますので、ぜひ、自分自身へのコーチングに役立てていただきたいと考えています。

自分への「問いかけ」、5つのポイント

さて、具体的な「問いかけ」については、本文でお話をするとして、ここではまず、コーチングの問いかけを考えるときに意識したい5つのポイントについてお伝えしたいと思います。

その5つはこちらです。

【コーチングでの「問いかけ」の5つのポイント】

- **逆を照らす**
- **未来を問う**
- **選択肢を増やす**
- **実現の可能性を問わずに考える**
- **主観と客観を行き来する**

では、1つひとつ見ていきましょう。

○ポイント1　逆を照らす

ひと言で言えば、**「相手が話している文脈の真逆を問いかける」**ということです。

たとえば、

相手が「過去」の出来事について話していたら、「未来」について問いかける。

相手が「感情」について話していたら、「事実」について問いかける。

相手が「自分」について話をしていたら、「人（他者）」についての問いかけをする。

など。

相手が「昨日、すごくムカつくことがあって」という過去の話をしていたら、「明日はどんな感情になっていたらいいと思う？」と、思考が未来へ向かう問いかけをする……と、そんなイメージです。

時間軸を広くして考えると、おのずと問いかけが変わります。

とくに自分自身への問いかけでは、どうしても「自分好みの問いかけ」をしてしまいがち。その意味でも、「逆を照らす」を意識することは、ものごとを網羅的に見る「MECE（ミーシー／抜け漏れなくダブりなくの意）」という観点からも有効です。

○ポイント2　未来を問う

この「未来を問う」という問いかけは、まさにコーチングの問いかけの代表格で、コーチングといえば「未来を問う」と言っても過言ではないくらいです。

なぜコーチングで、この問いかけを重要視するのかというと、理由は簡単。過去に起こってしまったことは（解釈は変えられても）変えることはできませんが、未来は変えることができるから。

今を変えることで未来は変わるということに気がついてもらうために、コーチングでは、未来を問うのです。

映画の『バック・トゥ・ザ・フューチャー』（ロバート・ゼメキス監督）は、まさにそれがテーマでした。

タイムマシンで過去に戻った主人公が未来を変えるために悪戦苦闘するストーリーで、**「未来は変えられる」**ということが前提になっています。

残念ながら、まだデロリアン（映画に出てくる自動車型のタイムマシン）がなくて、過去に戻れない私たちは、**「未来を変えるために、今を変える」**必要があります。

その呼び水となるのが、この「未来を問う」という問いかけなのです。

1つ、私の例を挙げましょう。

実は私、ずっと、地方で生活することに憧れていて、「いつかは東京を離れて、別荘でも買って田舎で暮らしたい」と考えていました。

そんな私に、あるコーチが**「それはいつ？」**と問いかけてくれたんです。

その問いかけで、「あれ？　未来を変えるきっかけを作るのは、今だよな」と気がついて、調べてみると、思いのほか安い物件があることがわかりました。

それがきっかけで山中湖に安い物件を見つけて平日は東京、週末は山中湖という2拠点生活を始めることになったのです。

結果、私は都会ではなく田舎の暮らしのほうが気に入ってしまい、今は群馬県に移住して東京の住まいは手放してしまいました。

たった1つの「未来を問う問いかけ」によって、「今でもできるのでは？」と気づいたおかげで、本当に未来が変わったというわけです。

もう1つ、今度は知人の女性の例です。

その女性、大学の卒業論文で中米について取り上げたことがきっかけで、バルトロメ・デ・ラス・カサスという人物（「中米におけるスペインの支配の不当性」を訴え続けたカトリック司祭）に興味を持ち、就職後もずっと、「いつかスペイン語が話せるようになったら中米に行って、その足跡をたどろう」と思っていました。

それが、あるとき友人から、「いつスペイン語が話せるようになるの？」と聞かれたことから、「たしかに」と気がつき、それ以降は、スペイン語は片言でも、毎年のように中米を訪問するようになったそうです。

「もし、友人からの問いかけがなかったら、今でもずっと、いつかスペイン語を話せるようになったら……と思い続けていたと思う」としみじみおっしゃっていました。

このように、「未来を問う問いかけ」は、実際に未来を変えるパワーがある問いかけになります。

○ポイント3　選択肢を増やす

たとえば、**「もうこれしかやり方がない」と思っている人に、「それって本当？」と**

聞いてみる。これが「選択肢を増やす問いかけ」です。

日本人は、子どもの頃から「答えが1つしかないテスト」に慣れているせいか、正解は1つしかないと思い込んでいる節があります。でも、実際の世の中では、1つの問題に対する答えはいくつも存在しています。

「この答えがベストって本当？」

そう自分に問いかけるだけでも、答えの選択肢が増えます。「これしかない」と、思い込まない。多様性を否定しないことが大切です。

ビジネスにおける「デザイン思考」においても、「量が質を生む」という原則があるので、やはり、選択肢は多いほうがより良い結果につながるのはたしかなようです。

ＴＥＤという動画サイトで見て知ったことですが、玩具メーカーのバンダイに勤める高橋さんという開発担当者は、新商品のアイデアを考えるとき、会議でまずチームメンバーと一緒にしりとりをやるそうです。しりとりで出てきた単語を次々とホワイトボードに書いていき、あらためてそれを眺めてアイデア出しを行なうのです。

無作為なワードを豊富な選択肢としてアイデアをひねり出すわけで、アイデアの量を増やすには理にかなった考え方だと言えるでしょう。

○ポイント4　実現の可能性を問わずに考える

問いかけに対する回答を思考するとき、「実現可能かどうか？」というフィルターをかけると、「あれは無理、これも無理」と思考が狭くなり、ポイント3で説明した選択肢を増やすということが難しくなってしまいます。

ぜひ、**問いかけに対して思考するときは、常識の枠を外すくらいの気持ちで自由に答えてほしいのです。**

たとえば、「今よりもお金を稼ぐには？」という問いかけに対しては、「副業する」とか「給料のよい会社に転職する」といったリアルな回答だけでなく、「キャラクターをデザインしてグッズで儲ける」とか、「自動販売機の下をのぞく」とか、できるだけ頭をやわらかくして発想するようにする。

いわゆる常識を捨てて、本当にやれるかどうか問わずに考えるのです。

もし、ライト兄弟が、「鉄の塊が空を飛べるわけがない」という常識にとらわれていたら、飛行機は誕生しなかったはずですよね。

ちなみに、**常識を破るキーワードは、昔は好奇心。現代では、情報収集力**でしょうか。実現の可能性を問わずに考えたとき、未来は変わります。

○ポイント5　主観と客観を行き来する

これは、簡単に言えば**「視座を変えてみる」「相手になりきってみる」**ということです。要は、**いろいろな視点から物事を見て問いかけてみる**ということ。

私のお客様で、自分の指示にいちいち反論してくる部下に、「どうして彼は言うことを聞いてくれないんだろう？」と悩んでいるリーダーがいました。

そこで、「彼（部下）はどう考えているんだろう？」を探るために、その部下になりきって自分との会話を再現していただいたところ、部下の気持ちがわかったと言うのです。

「この上司、自分に気を遣っていて面白いから、意地悪して困らせるのはいいストレス解消になるな」

その方は、部下の気持ちがわかって驚いていましたが、相手になりきって相手の視点で見ると（専門的にはポジションチェンジというテクニック）、意外な事実がわかることがあります。

もちろん悪意だけでなく、「自分に意地悪をしてくると思っていた相手になりきってみたら、自分を心配してくれていることがわかった」ということもあります。

自分への問いかけでこのテクニックを使うなら、**「周りの人から、自分はどう見えているんだろう？」**とか、**「未来の自分が、今の自分を見たらどう感じるだろう？　どんなアドバイスをするだろう？」**など、いろいろな問いかけが浮かびます。

＊

「問いかけ」の5つのポイント、いかがだったでしょうか？

本文に出てくる具体的な問いかけも、ほとんどがこの5つのどれかに基づいたものですので、自分に問いかけるとき、ぜひ、意識していただければと思います。


問いかけのポイントとして、最後にもう1つ。

それは、コーチングにおいては、**「沈黙こそ、最大の問いかけ」**だということです。

たとえば上司と部下の面談でもそうですが、上司はあえて何もしゃべらない沈黙の時間を取って、部下に自分で考えさせることが大切です。

自分への問いかけの場合は、自分に「深く考えて洞察を得る」時間を与えるということですね。これはぜひ、覚えておいてほしい大前提です。

潜在意識に仕事をさせる

自分に問いかけたら、たとえ、答えがすぐに出なくても気にすることはありません。なぜなら、そもそも、**問いを立てて考えること自体に意味がある**からです。

それに、人は投げかけられた疑問については、表面的には考えることを止めても、**潜在意識がそのことについてずっと考え続けています。** つまり「問い」さえ立っていれば、私たちは無意識的に考え続けるということです。

読者の皆さんも、夜、眠りにつく前に考えていたことの答えが、翌朝、起きた途端にひらめいた、といったことはありませんか？ これは、眠っている間に潜在意識が仕事をして答えを探し続けているからなのです。

そして、その潜在意識を働かせるには、たとえば瞑想などで心を無にするのも有効です。

瞑想までいかなくても、ジョギング、一人旅、登山、もっと簡単にお風呂やトイレの最中など、無心になれる時間を作ることが、自分に対する、「良き問いかけの時間」になります。

もう1つ。**潜在意識を働かせるには、自分に対して、モヤモヤする問いかけをすることです。**

私から見てスキル不足なコーチがよくやってしまうのは、コーチングのときお客様をスッキリさせて帰してしまうこと。スッキリさせてしまったら、その人は、一瞬はスッキリして気分が良いかもしれませんが、部屋を出た途端、対話の中身を忘れてしまい、自分で何も考えなくなるという傾向があるのです。もちろん、潜在意識なんてまるで働きませんので、結局は相手のためになりません。

問いかけに対して、モヤモヤするからこそ、その人のなかに思考の波風が立つし、潜在意識も働くのです。

アンソニーから、「君の人生は金だね」と言われた私が、その帰り道で、どれほどモヤモヤしたことか（笑）。

私のコーチングを受けにきたお客様が、よく「林さん、どうかスッキリさせてください」と言ってくることがあります。でも、そんなときは「うーん、たぶん無理だと思うよ。もっとモヤモヤするかも」なんて答えています。

「林さん、不安を取り除いてくださいと言ってくるお客様には、「不安は完全になくならないから、不安とともに生きていく方向もいいかもね」なんて言うことも……。

良い問いかけは、「問い」というより、「思考の扉を開く」というイメージ。

煮物は鍋を火からおろすと味がしみこむと言いますよね。あなたが、モヤモヤして考えるうちに、自分の思考が煮物のように味わい深くなると心得てください。

＊

さて、私とコーチングとの出合いの話に始まり、コーチの役割、この本でお伝えしたいこと、自分への問いかけのポイント、潜在意識に仕事をさせる方法など、ずいぶん序章が長くなってしまいました。

本文へ進む前に改めて大切なことをまとめておきますね。

私がもっともお伝えしたいことは、次のひと言です。

「自分への問いかけの質が上がれば、人生の質が上がる」

この本でお伝えするのは、そんな、人生の質を上げてくれる**「自分への問いかけ」**の具体例です。

コーチングを仕事にしている私が言うのも何なのですが、相談相手は必ずしも必要ではありません。自分で自分をコーチングするための「問いかけ」をふんだんにご紹介します。

本書で、ぜひ、「自分の人生の質を上げる問いかけ」の在庫を増やしてください。

第1章

今の自分に満足できないときのすごい問いかけ

感情にアクセスする、感覚をスケーリングする（点数を付けて現状を認識する）、要約して情報を整理する、逆を照らす、未来を想像する、視点を切り替える…

自分が自分でいられるために、問いかけたい言葉が本章にあります。

「今、何を感じている？」

【感情を観察する能力】

自分の感情を観察する

本書で一番最初に取り扱いたい「質問」は、感情に関する質問です。というのも、この問いかけは、今の日本人にとって最も苦手で「問いかけられたくないこと」のナンバー1だったりするからです。

実際、私が提供するコーチングでも、お客様としていらっしゃる方々に「今、何を感じていますか？」と問いかけることがよくあります。

そして、その回答で、もっとも多いのが、次のひと言です。

「別に何も……」

多くの方が、「別に何も感じていない」「特に何もないです」と答えるのです。

きっと、お読みの皆さまも同じように答える方が少なくないと思うのですが、これ、脳科学的に言えば、「何も感じていない」ということは極めて稀で、感情は常に何かを感じていると捉えても良いのではないかと私は考えています。

そして、「感情」と一括り（ひとくく）にしてはいるものの、その種類は「嬉しい」「悲しい」を筆頭に数えきれない種類が存在し、そして私たちが感じる感情は秒単位、あるいは、それより速いスピードで目まぐるしく変化していきます。

もしそれが適切な理解であれば、私たちは「何も感じていない」のではなく、**「自分が何を感じているのかを認識できない」**というのが正しいのかもしれませんね。

「いやいや林さん、冒頭からかなり厳しすぎるよ」と思われた方もいらっしゃるかもしれません。

私の場合は、海外での生活やビジネスの経験が長いこともあり、日本と海外の違いを肌で感じることが多いのですが、欧米などでは感情を表現することは日常茶飯事であり、もし仮に私が「別に何も感じてないよ」なんて伝えたとしたら、きっと、「人間なんだから、何かは感じているだろう！」と突っ込まれること必至だったりします。

そういう意味では、日本では本当に多くの方が、自分の感情を認識できない状態に陥っていると言ってよいのかもしれません。

すこし話がそれましたが、感情というものは常に存在しているということ、なんとなく認識していただけたかなと思います。そして、私たちは、その感情の湧き上がりを意識する機会が極めて少ないと言えます。

子どもの頃から、「我慢しなさい」とか「自分の感情を表に出すんじゃありません」などと教えられて育ってきたことも少なからず影響しているのではないかと思います。

私が実際にリーダーへのコーチング中に「今、何を感じていますか？」と問いかけたとすると、こんな回答が返ってきたりします。

リーダー：「特に何も……。普通です。楽しいとでも言ってほしいんですか？」

私：「そういうことじゃなくて、感じていることを教えてほしいだけなんですけど」

リーダー：「感じていることを聞いて、何の意味があるんですか？」

こんな喧嘩みたいなやり取りになってしまうこと、日常茶飯事です。

思わず「もしかして怒ってますか？」と問いかけたくなるほど、自分の感情について聞かれるのを嫌がる人が多い印象があります。

では、なぜ、こんなことを「いちいち」問いかけるのか？

それは、私たちの意思決定を司るのは「感情」だからです。

難しい説明は省きますが、人間を含む多くの動物の脳に存在する大脳辺縁系という部位が意思決定の主役だという研究があります。大脳辺縁系は感情を司る部位で、「なんとなくいい気がする」といった具合に直感的に意思決定をしています。

反対に、「やらなければいけないことはわかっているけど、どうにも気が進まない」というときも、頭では理解できるけど感情は「ＹＥＳ」といっていないという状態だったりします。人間だって動物ですから、感情を起点にして行動を起こすからです。

たとえば、あなたが「今の自分に満足できない」とモヤモヤする時間を過ごしていたとします。そんなときには、行動計画を立てることではなくて、そのとき自分が感じている感情を意識してみてほしいのです。

逆を言えば、**自分の感情にアクセスできないと、うわべだけの対処法に走ってしまって、悩みなどの根本的な解決にならない。満足感や充足感につながらない**のです。

そうは言っても、感情を問われることに苦手意識のある私たちは、「何を感じているか」を聞いてもわからない、というときも多いのではないかと思います。そんなときは、逆説的な、こんな聞き方することもオススメです。

「今、何を感じていませんか？」

そう、逆を問うのです。こう問われると、こんな回答をしたくなるかもしれません。

「うーん、少なくとも怒りやイライラは感じていませんね。悲しくもないです。だからといってワクワクもしていませんけど」

こんな形で、感じていない感情を特定すると捗る(はかど)ことが多いのが、私のこれまでの経験です。何を感じていないかが特定できれば、何を感じているのかを感じることができるというのがとても興味深いところです。ぜひ皆さんも試してみてください。

そして、もう1つ、感情を感じやすくするヒントをお伝えしておこうと思います。

たくさんの種類の感情が目まぐるしく変化していくとすると、その1つひとつの感情を丁寧に追いかけて特定するはなかなか難しいことです。もし、そう感じている方には、まず感情を3種類に分類することをお勧めしています。

その3種類とは、

❶プラス感情か

❷マイナス感情か

❸プラマイゼロの感情

の3つです。

これをリーダーの方にお伝えすると、皆さま、ホッとした表情を浮かべて「なんだ、それくらいならできます」とおっしゃってくださいます。

たとえば、「今朝の満員電車の中ではマイナス感情だった」とか、「ランチであたらしく見つけたお店に入ったら当たりだったからこれは、プラス感情」とか、「上司から○○と言われてマイナス感情になった」など、自分の感情について認識するクセをつけるようにすると、だんだん、「自分の今の感情」を意識できるようになります。そして、自分の感情をコントロールしやすくなるのです。

というわけで、まず、**「今、自分は何を感じている?」と自分に問いかけるのが、セルフコーチングのスタート地点**となります。

「今日の自分に点数をつけるとしたら何点？」

◀

「その点数をつけた理由は？」

◀

「それが何点になればハッピー？」

【スケーリング】

感覚的なものを定量化する

続いての問いかけは「点数三兄弟」とでも呼びましょうか、セットで使うことで効果が出る質問だと思ってください。

この問いかけはコーチングの中では王道の質問で、「スケーリング」（定量化）と呼んだりします。**自分に対する感覚的な定性評価に点数をつけ、定量的に評価するための問いかけ**です。

と書くと、とても難しいと思うのですが、たとえば「今の自分に満足できない」と悩んでいる人なら、「満足できない」の「満足」って具体的に何？　ということです。

この「満足」という指標は人によって異なる理解や解釈ができる、いわゆる「定性的」あるいはファジーな言葉で、これをたとえば、**「満足できないって、点数をつけるとするなら、今の自分は何点なの？」**という問いかけをすることで数値化するとより冷静な理解をしやすくなるということなんです。

特に日本は、「察する文化」で、普段から、「なるべく早く」とか「できるだけ丁寧に」などという定性情報で会話が成り立ってしまうことが多々あります。

これは他人とのやり取りだけでなく、**独り言（自分会議）として自分に語りかける言葉でも、同じように定性的でファジーな言葉を使う傾向があるように思っています。**

たとえば、「今日の気分はイマイチなんだよね」「今日の上司との面談は、まあまあだった」と言っても、この「イマイチ」「まあまあ」という基準は人によって異なりますよね。「幸せになりたい」と言うときの「幸せ」だって、「成功したい」と言うときの「成功」だって人によって千差万別でしょう。

よくよく考えれば当たり前のことなんですが、こういうファジーな言葉、皆さんもきっと日常的に使っているはずです。ぜひ、日々の生活の中で観察して、そんな定性的な言葉を使っていることに気付いたとしたら、**「その、まあまあって、点数をつけると何点になる？」**といった形で定量化してみてください。

そうすると「まあまあっていうのは、50点だな」とか「まあまあは30点」とか、あなたが考える「まあまあ」が数値化されていくんです。

私がこれをコーチング技術として初めて学んだときには、まさに目からウロコ状態で、こんなふうに自分の状態を数値化できたら、全部解決してしまう！　と興奮したことを今でも覚えています。

「ちなみに、あなたの今日一日に点数をつけるとしたら何点ですか？」

これに数字をつけてから、次に読み進めてくださいね。

さて、自分の状態に点数がついたら、次は**「その点数をつけた理由は？」**と問いかけてみてください。これは**「現状認識」を問う問いかけ**です。

1つここで、注意してほしいことがあります。

これはきっと学校教育や会社の評価制度の影響が大きいと思うのですが、私たちはなぜか、30点と聞けば「低い」、「50点」と聞けば程々、「100点」と聞けば優れている、といった評価が自動的に思い浮かんでしまうのではないでしょうか。

これ、私たちの思考のクセ（バイアス）だったりします。

この問いかけは、世の中一般の評価に照らすのではなく、自分のつけた点数の内情を探すことに本質があります。より丁寧に、この問いかけに答えていくことで課題解決に近づきますので、あなたにとっての30点、あるいは、50点っていうのは「どういう場所」なのか、を丁寧に考えてみてください。

たとえば、今日の自分の点数が30点だったとして、「なんか低すぎますよね」という評価をするのではなくて、「今日提出して承認をもらおうと思ってた稟議書が、上司の会議が長引いてハンコを押してもらえなかった」とか、「予定していた電車に乗り遅れて遅刻した」とか、「友人と食事に行こうとしていたのにドタキャンされた」とか、そんな理由があった、といった事実情報を追いかけて紐解いていくのです。

すると、「だから今日は30点という点数をつけたのか！」と自分自身で合点がいきます。30点という「場所」、つまり「現状」が明確に認識できるようになるのです。

これで、「なんか、イマイチな日だった」という曖昧さからは卒業できます。

そして、３つ目の問いかけが、**「それが何点になればハッピー？」**です。

「１００点に決まってるでしょ？」と思ったあなた！

あながちそうとは言い切れないのが人間の興味深いところだったりします。

プロのコーチでもこの「罠」に落ちてしまうことが多いのですが、「１００点を取らなきゃいけない」ということは、あなたの人生に関していうと真っ赤な嘘。到達したい点数は自分で決めて良いのです。

人によっては「80点がベスト」だと考えている人もいるし、なかには、「今の点のまま、現状維持でいい」という人だっているかもしれない。
あなたは今つけた点数が、何点になったらハッピーに感じますか?

そして、この問いを応用するとしたらこんなフレーズもオススメです。

「いつまでに何点になってたらいい?」

いずれは100点を目指したいと思っている人でも、それは遠い遠い先の話と思っている人も意外と多い。たとえば、3年後には理想の100点を目指したいけれど……という場合は、たとえば1ヶ月後に50点まで行けていればハッピーだなと、中間地点となる場所を置くことで、よりリラックスして進むことができたりします。

こんな形で定量化していくことで、今の現状が明らかになり、どんなことをすれば望む点数に向かえるのかといった計画を立てやすくなります。漠然と悩んでいるような場合は、そのファジーな状態に点数をつけてみることをお勧めします。

「自分の感じていることや考えていることを要約すると、どんなストーリーになるの？」

【点在していた情報の整理】

要約することで、洞察を深める

前項で30点をつけた理由をおさらいすると、こんな内容でした。

「稟議書にハンコを押してもらえなかった」

「予定していた電車に乗り遅れて遅刻した」

「友人と食事に行こうとしていたのにドタキャンされた」

だから、30点つけるほどイマイチな1日だったのだ！　と結論づけていくのだと思います。


こんなときに問いかけてほしいのが、この問いなわけですが、もう少し意地悪く言えば「だったらなんなの？」という言葉になります。口の悪い昭和の上司だったら「要するに何が言いたいの？」なんて心無い言葉が返ってきそうですが、これを敢（あ）えて自分自身に問いかけることによって発見できることがあったりします。

たとえば、先の事例ならば、

「稟議書にハンコ押してもらえるように、前日に根回しできたのでは？」

「5分早めに家を出る習慣をつけてみてはどうか？」

「前の日にメッセ送って約束の確認をしておいたほうが良かったね」

といったことが思い浮かぶのではないでしょうか。


これはさまざまな方のコーチングをしているなかで理解が進んだことなんですが、多くの人が第一声として最初に語るストーリーは、頭に浮かぶことをそのまま口にすることが多く、とても表層的で場当たり的なものになりがちです。

そんなときは、私のほうから、「はい、今のはリハーサルね、じゃあ、本番テイクいきましょう」なんて軽やかなノリで再度話してもらうことを促していきます。そうすると、大事なところが残ってわかりやすくなったり、洞察が深まったりするのです。

この30点の事例の場合も、「あっ、そうか！　準備をもうちょっと丁寧にするってことか！」なんて、洞察を得ることにつながることもあります。

自分の口から出た言葉は、同時に自分の耳にも入って、点在していた情報が整理されて論点がハッキリするので、ぜひ、自分に問いかけてみてください。

「満足できないことはたくさんある。
じゃあ逆に、
満足できることは何？」

【逆を照らす】

「不満」と「満足」は裏表

日常生活で「満足できない」と感じることって意外と多いのかもしれません。

実際、コーチングという仕事では、誰もが羨む富豪や成功者の方ともお話ししますが、「もう充分満足です」なんて言葉をお聞きした記憶はほとんどありません。そんな「不満を感じる」日は、序章でも書いた「自分への問いかけ、5つのポイント」にあった、**「逆を照らす」**問いかけの出番です。

会社で本来やりたかった仕事ができず不本意なセクションに回されているとか、周りの人たちとの関係がうまくいかないとか、上司から評価されないとか……。今の自分について、満足できない要素がたくさんあるとします。

不満というのは磁石みたいなもので、集め始めるとどんどん溜まっていくという特徴があります。そのため、私たちは頭の中を不満で充満させやすいと考えています。

1日の中で不満が3つ、満足が1つあったとすると、その満足は忘れ去り、今日は不満だらけの1日だったと大雑把に捉えていくという傾向があるということ。

そんなときに有効なのが、「逆に満足できることは？」という問いかけです。つまり、逆を照らしてみる。

私のコーチングのお客様でも、たとえば望んでいた部署以外のところに異動させられてモチベーションダウンしている、といった方が多くいらっしゃいます。

そんな方に「逆に満足できていることは？」と問うと、「望んだ異動ではなかったものの、異動先でかけがえのない仲間が見つかった」とか、職場でいじめにあって困っているという方も「今まで仕事一筋だったけど、プライベートを充実させるという新しい楽しみを知った」と教えてくださったりします。

人間は「満足できないこと」というか、マイナス要素に目を向けるクセがあります。

そうすると、そちらにばかり思考が引っ張られて、「何もかもうまくいかない」とか「どうして自分ばっかり」などという考え方になりがちです。

でも、**コインに表と裏があるように、「不満なこと」の裏には、「満足できること」が隠れているもの**です。逆を照らして、コインの両面を見るようにしたいものです。

私にとっても、この「逆を照らす」問いかけによって、お客様の認識が変わる瞬間を目の当たりにするのは、コーチングをやっていてよかったなと感じる、ある意味、「エモい」瞬間だったりします。

「それを言ってみて、どう？」

【洞察を深める】

私たちは言葉にするまで自分の本心に気づけない！

そんな馬鹿な！　と感じた方も多いと思うのですが、これ、プロのコーチの常識だったりします。

たとえば「今の会社の方針にも、上司のやり方にも納得できないから、これは転職しかない」とモヤモヤ考えていたとしますよね。そのモヤモヤは、頭の中で考えれば考えるほど、熟成されていくようで、「それがきっと正しい！」という結論に結びついていくようなことってあると思うんです。

その翌日、プロのコーチからコーチングを受けたとしますよね。そして、その場で同じことをコーチに伝えたとします。

きっとこんな会話の流れになると思われます……。

その方：「今の会社の方針にも、上司のやり方にも納得できないから、これは転職しかないと思ってるんですよ」

コーチ：「会社の方針にも、上司のやり方にも納得できないから、転職しかないということですね？」（丁寧な復唱ですね）

これだけのシンプルなことなんですが、自分が声に出して考えを伝え、それを相手が伝え返してくれた、というだけで、「あー、スッキリした。よーし、転職に向けてスタートするぞ」と思うこともあれば、「でも、やっぱり転職は不安だから、もう少し今の会社で様子をみよう。そのうち部署異動もあるかもしれないし」と思うこともあると思うんです。

つまり、口に出して、自分と対話することで、自分の本心というか、本音が見えてくるということ。

現代の社会では、転職情報なんてネットにいくらでも載っていますし、転職を果たした誰かのレビューを参考にして道筋を決めることが簡単な時代になりました。

とはいえ、それを参考にしながら「選ぶ」ことはそんなに難しくはないのですが、果たしてそれは「自分ならでは」の決定なんでしょうか。

手に入る情報を元に自分の行動を決めることはロジカルなことかもしれませんが、その前に、自分の根本の気持ちを知ることができれば、これからする意思決定に自信も誇りももてるようになります。

自分にとっての答えは、ネットではなく、自分との対話のなかにあるのです。

この「それを言ってみてどう？」という問いかけは、洞察がどんどん深まっていくため、たとえば「転職したいのは、今の仕事が嫌になったからで、他にやりたいことが見つかったからではない」といった、自分にとって**「不都合な事実」**も浮き彫りにするかもしれませんね。それでも、**自分の本心にフタをして安直な意思決定をすることを防ぐ抑止弁にはなると思います。**

ちょっと自分に厳しめの回答が出ることも覚悟しつつ、ぜひ自問自答してほしい質問の1つです。

「自分にねぎらいの言葉をかけるとしたら、どんな言葉がふさわしい？」

【メタ認知】

自分に厳しすぎないか？

前項は、ちょっと自分に厳しめの質問でしたよね。ちょっとここで一息入れましょう。

皆さんは、ご自身にねぎらいの言葉をかけることってありますか？

自分にご褒美と言ってケーキを買ったりするようなことはたまにあると思うのですが、自分にねぎらいの言葉をかける瞬間って意外と少ないのではないでしょうか。

さまざまな国の方にコーチングを提供しているなかで、これは日本人に顕著なパターンですが、「自分はまだまだ努力が足りなくて、ぜんぜんできてないんですよ！」といった、ある意味自分を痛めつけるような言葉を使う人が多いと感じています。

日本人的な謙遜という、ある意味美徳でもあるのですが、自分が自分をコーチングしていくということにおいては、もうすこしフェア（公平）に、「できていること」と「できていないこと」を分類できる状態を作ってみてもよいと思います。

ちなみに、

「今日のあなたにねぎらいの言葉をかけるとしたら、どんな言葉がふさわしいですか？」

「いやいや、今日は自分をねぎらうような、たいしたことしてないですよ」

なんて思ったあなた！　ここが変化のポイントです。

そんな大それた社会貢献じゃなくてもいいんです。

たとえば、「朝、いつもより5分早く起きられた」とか、「限定5食のランチが1つ残っていて食べられた」とか「外食しようとしていたけど、頑張って自炊した」とか、「1駅前で降りてウォーキングしながら帰ってきた」とか、振り返れば細やかにねぎらいポイントはあるはず。

総じて、「自分に満足できない」と思いがちな人は、**「自分に厳しすぎる」**傾向があるように思います。少しぐらいねぎらいポイントがあったからといって、「まだまだ」「目指す未来には程遠いから」「今日もダメだった」と一括しやすい、とも言えるかもしれません。

自分に厳しい基準を設定して高みを目指す。そんなトップアスリートのような生活も目標達成には必要かもしれませんが、毎日がそんなハードな状態では、自分が自分をキズつけて、自己肯定感を下げてしまいます。

そういう人は得てして、他人には優しい。だったら、**自分も1人の人間として、優しくしてあげる対象に加えてあげてほしい**。そんなふうに思います。

そのきっかけとして、こんな言葉を自分にかけてみてはいかがでしょうか。

「よく頑張っていると思うよ」

「〇〇はまだできないけど、●●はできるようになったじゃない」

そんな言葉を自分に投げかける。少しだけ自分に優しくなる時間、定期的に取ってみるのはいかがでしょうか。

「今日できなかったことで、明日できそうなことは何？」

【未来志向】

過去は変えられないが、未来は変えられる！

序章で、「コーチングでの『問いかけ』の5つのポイント」の1つに、**「未来を問う」**を挙げましたよね。コーチングの技術では、過去を振り返って是正するよりも、**未来を想像してワクワクすることから新しい活路を見出す**という考え方を優先します。

あなたの1日を振り返ったとき、きっとこんなセリフが浮かんでくるのではないでしょうか。

「あ〜、今日も何もできなかった」

「やろうと思ったことがほとんど進まなかった」

「結局、昨日やろうと思ってたこと、今日もできなかった」

この「できなかった」という事実、私たちの心のくさびとして、記憶に強く残る傾向があるようです。

そして、ここでのNG、**つまり、あなたにしてほしくない問いかけの筆頭が、「どうしてできなかったの？」**です。

これは、「過去を問う」質問ですよね。過去の出来事に「なぜ？」を問うても、現実問題、タイムスリップしてその出来事を変えることはできません。ですので、こういうときは未来に思考を向けてみましょう。
「今日できなかったこと」はいちいちリストにしなくても、あなたも心の中でわかっているはず。それらを思い浮かべながら、「明日できそうなことは何？」と自分にそっと問いかけてみてください。

私がコーチングで大切にしているのは**「行動変容」**という言葉です。どれだけ「内省」が進み、なぜできなかったのかの理由が明らかになったところで、**「行動」をしなければ「結果」は出ない**、というのが私の持論で、この問いかけは「明日できそうなこと」と行動を照らしていくことに意味があります。

新しい行動をすれば、新しい結果が出ます。昨日できなかったことで、明日着手したら新しい道が開けるような行動、何か思い浮かびますか？
「明日できそうなこと」を見つけて、小さな「成功体験」を積むことができる人は、自分の欲しい未来を手にすることができる人。その一歩をぜひ、「明日」スタートしてみてくださいね。

「自分の存在は周りにどんなポジティブな影響を与えているか？10個、書き出してみよう」

「今の自分が周りに役立っているとしたら、どんなこと？」

【視点の切り替え&自己効力感】

あなたは生きてるだけで既に役に立っている！

「いえいえ、そんなことないです、私はなんの役にも立ってませんよ」なんて言葉が浮かんだあなた、もしかしたらだいぶお疲れかもしれませんね。

著者の私もこんなふうに考えてしまう日があったりします。

たとえば、「私は本を書いているだけで、実際に読者の職場や家庭にお邪魔してコミュニケーション改善や課題解決に役立つようなことはできていないから、全然役に立ってない」。

こんなふうに考えてしまうこと、時にあったりします。

そして、「林さん、そんなことないですよ、私は本に書いてあることを実際に家庭で実践してみて、本当に夫との関係が変わったんです！」なんてフィードバックを読者の方から受けたとしても、全く役に立っている実感が湧いてこない、なんてことがあったりします。

どうして、私たちは自分にそんなに厳しくしたがるのでしょうか。

お笑い界の大スター、明石家さんまさんの言葉に「生きてるだけで、丸儲け」という言葉があります。この項で思い出して欲しいのはこの言葉だったりします。

私は職業上、余命宣告を受けている経営者さんたちにコーチングを提供することもあります。そのセッションの中で「残された時間が少ない」という言葉をお聞きするのは、本当に忍びないものです。

もし明日、あなたがこの世からいなくなれば、それを悲しむ人がたくさんいるはず。そんな方々にどんな思い出や記憶を残したいですか?

そんな問いかけを、私も覚悟を決めて投げかける瞬間があったりします。

そういう意味では、その方が生きているだけで、周りは恩恵を受けているものです。

だから、「生きてるだけで、丸儲け」なんだと思います。

ちょっと重たい話になりましたが、あなたはそこに存在しているだけで誰かの役に立っているということをお伝えしたくて、私のお客様のお話をしました。

さて、「生きてるだけで役に立っている」とおわかりいただけたところで、さらにお伺いしたいのは「あなたは、どんなことで役に立っていると思いますか?」という質問です。

　ここで「いや、特にない」と思った方は、すこしだけ寄り道をしていただいて、こちらの問いに答えてみてください。

「あなたの親友や家族、同僚や上司は、あなたにとってどんな存在で、どんなふうに役に立っていますか？」

　きっと周りの大切な人のことを考えれば、「どう役に立っているか」は言葉として出てくるのではないかと思います。たとえば……

「どんな時間にメッセをしてもすぐ返信をくれる」
「美味しい食事を作ってくれる」
「自分の作った料理を美味しいと食べてくれる」
「ミスをしたときに、親身に解決策を考えてくれる」
「いてくれるだけで安心する」

　なんだ、そんなんでいいのか！　と思った方もいると思うのですが、実はその通りで、些細なことをリスト化していくことに意味があります。

そして、あなたの周りの人がどんなふうに役に立っているのかがわかってくれば、きっと自分のことにも焦点を当てやすくなりますよね。ぜひ、ご自身がどんなふうに役に立っているのかを考えてみてください。

それから、「**自分の存在は周りにどんなポジティブな影響を与えているか？ 10個、書き出してみよう**」という問いかけ。これは「**空白効果**」という技法を使った問いなんですが、もしかしたら、「10個なんて多いよ、そんなに出ない」と思われたかもしれませんね。

先ほどの事例だと、5つの「役立ちポイント」（アイデア）が出ていましたよね。この5つのアイデアは、割とすぐに思いつくアイデアだったりします。そして、もう少し深く考えたり、時間をとって考えると出てくる「隠れたアイデア」が、実は同じぐらいあるはずなんです。

そんな意味で、たとえばアイデアを10個まで増やしてみて、と言われれば、「あと5つか！」と着想するという傾向が私たちにはあります。

そう、数を決めると、その数まで考えたくなるという思考の傾向が私たちにはあるのです。ですので、数は何個でもいいのですが、たとえば10個までアイデアを増やそうという数字的な目標を決めるだけで、その個数を埋めたい、という欲求が自動的に芽生えるという傾向を利用するのです。

あなたの存在が周りにどんな影響を与えているか10選ができたとして、その8番目に書いた事柄ってどんなことですか？

きっと、今まで考えてもみなかったことが書かれているはずです。

「そうか、自分はこんなことで役に立っていたのか！」と自分で新しい発見ができたとしたら、自分で自分を鼓舞できるのかもしれません。

誰の手も借りずに、自分で自分の機嫌をとっていくような習慣は自己肯定感や自己効力感（自分は役に立っている。今のままでもいいんだと思える能力）を上げるためのきっかけ作りとして最適ですので、ぜひ時間をとって取り組んでみてください。

「自分が自分でいられる
場所や環境、時間は？
それをリストにしてみて」

【自分時間の重要性】

自分らしさってなんだろう？

私の知人に「隙あらばスターバックス」というハッシュタグを使って、自分がスターバックスでコーヒーを飲んでいる写真をSNSに投稿している女性がいます。この方にとっては、スターバックスでコーヒーを飲む、ということが自分らしさを感じる大切な時間だということがわかっているということ。

皆さんにはそんな、自分らしさを感じられる場所や環境、時間帯などはありますか？

私の場合は、コーチングという仕事以外に企業研修の講師という仕事も請け負うことがあるのですが、こういったお仕事は丸1日、人前に立って教えるという奉仕の仕事で、自分の感情が置き去りになる環境だったりします。そのため、そういったお仕事がある日は、会場に行く途中のカフェで15分程度、「自分時間」をとります。ここで、気持ちを整えて瞑想をして、SNSに「これから行ってきます」と書き込むことで自分の準備が整う。そんな儀式的な時間を必ず持つようにしているのです。

こんな形で、自分の生活や仕事の環境をより良くするために環境を整えることは大切ですし、自分で工夫ができることなのかもしれません。

だとしたら、その手始めとして、自分が快適で、自分らしくいられる場所や環境を特定することから始めても良いと思うのです。

私たちは社会環境や人間関係のなかで様々な妥協をしながら生きているため、全ての環境を自分の思い通りにできる人はいません。しかし、それでも、自分らしくいられる時間をいかに持てるか、という観点で工夫をすることはできます。

あなたの「隙あらば……」は何ですか？

ぜひ考えてみてください。


第1章まとめ…今の自分に満足できないとき…

●自分が何を感じているか、感情に目を向けよう ●現状に点数をつけて定量化し、自分の現在位置を知ろう ●要約し、逆を照らし、口に出して本音を感じてみよう ●視点を変えて自分を客観視しよう ●未来志向で考えよう

第2章

能力や仕事に自信が持てないときのすごい問いかけ

状況を冷静に分析する、
事実と憶測を分離する、
ポジティブな道筋を見出す、チャレンジ作戦、
交流分析で自分のクセを知る…
自分の中の勝手な思い込みを手放すために、
問いかけたい言葉が本章にあります。

「今、自分はどんなことを考えている？」

【冷静に状況を分析するスキル】

自信のなさを解消する方法

私が頻繁にお客様からお聞きする言葉の1つが「自信がない」という言葉です。「今の仕事を全うする自信」や「子育てをきちんとする自信」、「試験に合格する自信」がないときもあれば、人生全般を捉え、自分の能力に自信が持てないという主張をする方もたくさんいます。

総じて、私たち人間は自信を持つことが苦手な生き物なのかもしれません。そんな方々が必ずおっしゃるのが、「自信をつけるにはどうしたらいいか?」という言葉。

実はここ、私たちがつまずきやすい思考の傾向だったりするので注意が必要です。この思考の傾向を技術的に解説するなら、①「自信がない」→②「自信をつける方法が知りたい」という順番で思考が進むということです。つまり、私たちは自信のなさを解消する**方法が見つかると安心する**、ということ。

そして、自信のなさを解消するために、「もっと勉強します!」とか「先輩に相談します!」、「資格を取ります!」といった方法論に流れてしまうのですが、果たしてそれで解決するのでしょうか、というのが私からの問いかけです。

たとえば、私の元で学んでいるプロコーチを目指す人の場合だと、「プロのコーチとしてやっていけるかどうか、自信がないんです」といった発言をよくされます。そして、次に発するのは「まずは、コーチングの国際資格を取るための勉強をしようと思います」なんて言葉だったりします。

一見、勤勉で前向きな発言と思いがちですが、厳密に言えばつじつまがあっていません。国際資格を取得することと、自分に自信が持てること、は全く別の事柄です。

こんなときには、**今自分がどんなことを考えているか**、と問いかけてみてください。

先のコーチの事例であれば、こんな会話の流れになります。

生徒：「プロのコーチとしてやっていけるかどうか、自信がないんです」
私：「自信がないんですね」
生徒：「それで国際資格を取ろうかなと思い始めていて、学校を探し始めてるんです」
私：「そんなことを考えているんですね。1つ、お聞きしてもいいですか？」
生徒：「はい、もちろんです」
私：「今、○○さんはどんなことを考えていますか？」

生徒：「ええっと、そうですね、コーチングの勉強はしてるんですけど、なかなか実践の場がなくて、学んだ技術や考え方を実際のお客さんに試す機会が少ないんです」
私：「実際にコーチングを使ってみる機会が少ないということですね」
生徒：「そうなんです。なので、国際資格を取ったら、周りの人も信用してくれて、私のコーチングを買ってくれるかなと思ったんです」
私：「そんなことを考えていたんですね！」

といった会話の流れが生まれていきます。

「どんなことを考えているか」を問うことで、自分の中にある内情がより色濃く言葉として表現されていきます。

この場合であれば、資格が欲しい、というのはあくまで方法論であって、もっとお客さんが欲しいというのが本質的に求めていることだということがわかります。

こんな形で、丁寧に自分の中にある本質的な願いや、目指したい目的地、目を背けたくなるような課題などを探し、理解を深めていくことで、私たちは思考を整理していくことができ、解決策を見出すスタートラインに立てるのです。

「何が事実で、何が推測か分類できる？」

【事実情報と推測の分離】

事実と推測は明確に分けて考えよう

会社の上司とコミュニケーションの問題で、先日、こんなご相談を受けました。

「林さん、上司が私の同僚のことだけえこひいきするんですよ！　私はその人と同じタイミングでこの部署に配属されて、入社した年も同じなんですけど、なぜかその人のほうにだけ上司は大切な仕事を任すし、私も同じぐらい仕事をしているのに、その人のほうが半年先に主任に抜擢されたりして、なんか大事にされていない気がしてモチベーションが上がらないんです」

コーチングセッションは基本、その方と1対1で、そして会議室などいわゆる密室で行われるので、客観的なデータなどを参照せず、その方の主観をお聞きすることが多いのが特徴です。

お客様の悲痛な叫びですので、「額面通り」信じたくなるのが心情ですが、こういうときに問いたいのが、「それって本当？」という問いだったりします。

少し意地悪くて忍びないなぁ、と思いながらも、「ここ大事」と自分に言い聞かせて、お客様に「今教えてくださったことを事実とそれ以外に分けるとしたら、どうなりますか?」なんて問いかけをしたりします。

すると、こんなふうに答えてくださいます。

「そうですね、えこひいきされているのは本当で、その人と同じタイミングでこの部署に異動してきたのも事実です。入社した年が同じなのも事実ですし、その人のほうが早く主任に抜擢されたのも事実です。私も同じぐらい仕事をしているといったのは、私の主観ですね。大事にされていないというのは私の思い込みかもしれません。モチベーションが上がらないのは事実です、私のことなので」

ここが「問いかけ」の面白いところで、1つ的確な問いがあれば、その方ご自身で状況を分析して、事実とそれ以外の情報を分類することができるのです。

ただ、ここに1つ落とし穴があります。私は、多くの人が、この**「事実とそれ以外（推測）を分けるフィルターが甘い」**のではないかと思っています。

たとえば、先のお客さまの発言を分類してみると……

【事実】

・上司がえこひいきしている
・その方と同僚は同じタイミングで異動してきた
・入社した年が同じ
・その方が自分より早く主任になった
・モチベーションが上がらないと感じている

【それ以外（推測）】

・大事にされていない
・自分もその人と同じくらい仕事をしている

といった区分けになるのですが、ここでもう一度「これ、本当に本当にホント？」という問いを自問していくクセをつけたいところ。

特に「上司がえこひいきしている」という情報は【事実】に分類していますが、それって本当の本当に、一点の曇りもなく本当でしょうか？

上司がえこひいきしている、というのは、何らか事実情報や出来事があってのことなのでしょうか。それとも、あなたがそう感じただけなのでしょうか？　この分類を丁寧にすることで、より冷静に現状を分析できるようになります。たとえば、この事例だと「上司がえこひいきをしている」はこう区分けられるはず。

【事実】上司がえこひいきをしていると**私は思っている**
【それ以外（推測）】上司がえこひいきをしている

違い、おわかりになりますか？

自分が思ったことや感じたこと自体は紛れもない事実情報ですが、上司がえこひいきをしたかどうかは、上司に聞いてみなければ真相はわからないので「それ以外」に分類する。こういった細やかな区分けをすることで、より冷静な判断ができるようになります。

この方は最終的に、こんなことをおっしゃってくださいました。

「確かに、えこひいきされている、というのは私の勝手な推測かもしれませんね。そんな推測に囚（とら）われてネガティブな気持ちになっていましたけど、きっと主任になるタイミングだって何らか理由があったはずなので、それは上司に事情を聞いてみようと思います。そんなことでモチベーションを落としていたり、自信をなくしていたりするのも時間がもったいないので、私は私のペースでやっていこうと考え直しました」

自分に自信を持つためには、このような「冷静な状況分析」が役立ちますので、面倒くさがらずにご自身への問いかけを進めてみてください。

「実際にうまくいっていることは、どんなこと？」

【ポジティブな事実情報に目を向ける】

考えた瞬間に心が軽くなる魔法のような質問

「実際にうまくいっていることは、どんなこと？」と私が問いかけた瞬間に、きっとあなたの中で何かが閃（ひらめ）いたのではないでしょうか？　たとえば……

「仕事は忙しいけど、たくさんのお客様に**愛顧されている**」

「まだ結果は残せてないけど、チームの中で**信頼されてる**」

「年に1回、家族と旅行することが**できている**」

「副業を実現するための準備が順調に**進んでいる**」

など、「うまくいっている」ことに思考を向けただけで、たくさん事柄が浮かんでくるはずですし、それをこのように言葉として表現するだけで、心が軽くなったり、思わずニヤッとしたりするのではないでしょうか。

もしあなたが「自信が持てない」と思い悩んでいるとしたら、そんなときこそ「うまくいっていること」集めに専念してみてください。

うまくいっていることを集めて、気分を高めて軽やかに行動し達成できることもあるはずです。ここは逆の発想で、ポジティブな道筋を見出してはいかがでしょうか。

「そんなに簡単に諦(あきら)めちゃうの？」

【チャレンジ】

できない理由を考えるのは簡単

これまでは、「自信がない」ことについて、より冷静に分析をしたり、ポジティブな要素を探したりする問いかけをご紹介してきましたが、ここからは上級編。ちょっと心がチクッとするような問いかけをご紹介していきますので、ぜひ皆さんも自分の可能性を信じてチャレンジしてみてくださいね。

私のコーチングのお客様のなかには、本業としてお勤めの会社の仕事に加えて、副業を始めてみたい、というご相談をされる方も多くいます。そういった皆さまには、半年から1年と比較的長い期間コーチングを継続的に受けていただきながら、実際に副業の準備を進めていただくことが多いのですが、大阪にお住まいのHさんという方も、そのお一人でした。

その方はインスタグラムの流行らせ方を教えるプログラムを開発し、それを販売していくことを副業として計画されていました。

そして、3ヶ月ほどコーチングを提供した頃、その方はこう教えてくれました。

「林さん、いろいろ試してるんですけどね、ぜんぜん買ってくれる人がいないんですよ。なんか、この商品って需要がないんじゃないかと思って、なにか別の商品を作らないといけないのかなと思い始めてるんです」

きっと、こんな悩みを持つのは、このHさんだけはないと思うんです。

たとえば、自分で選んだ「入りたいと思った会社」に入社して、「やりたいと思っていた仕事」に就けたのに、少し仕事がうまくいかなかっただけで、「もうこの仕事を辞めたい」と思ってしまう……なんてこと、意外と私たちの日常には多く存在していたりします。

ここで、私が皆さんに問いかけたいのが、「**そんなに簡単に諦めちゃうの？**」という**問い**。

人間、**できない理由を挙げるのは実に簡単**です。

「会社の方針との不一致」「上司との不仲」「市場環境」「参入タイミング」など「できない理由」を集めることは簡単です。

そして、ここで実際に諦めてしまう人がほとんどなのです。

裏を返せば、ここで**諦めないことで成功確率が劇的に上がる**とも言えます。

ですので、ここで粘り強く、「そんなに簡単に諦めちゃうの？」という問いかけを自分に向け、もう一度問いかけていくことが大切なんです。ぜひ、最初の情熱を思い起こしてほしいのです。

そして、自分を鼓舞するために、こう言葉を投げかけるのもよいでしょう。


「自分なら、もっとできるはず！」

ＮＨＫの人気番組、『チコちゃんに叱られる！』の「ボーっと生きてんじゃねぇよ」というセリフ、ご存じの方も多いと思うのですが、私もチコちゃんに倣って、少し乱暴な言葉を敢えて使うとすると――「自分を過小評価してんじゃねぇよ！」「そんな小さなことでクヨクヨしてんじゃねぇよ！」といった言葉、自分自身に投げかけてみるのも１つの方法論かもしれません。

私がそんな働きかけをしたことで、Hさんは「確かにそうですね、諦めるのはまだ早いですよね。何人かの人にサービスの説明をしてみて、うまくいかなかったから、なんか諦めかけてました。それに、自分はどうしてもカッコよくやりたいと思ってしまう傾向があるんですが、もっと正直な気持ちをぶつけてみてもいいなと思いました。もう少し続けてみようと思います」と決意を新たにしてくださいました。

途中で諦めてしまえば、目指した最終目的地にたどり着く可能性は残念ながら0％になります。そして、それでは、あなた自身が何かを達成したという自信を得ることは叶いません。

せっかく決めて進み出したチャレンジです。ぜひ、あと一歩、諦めずに勇気を出して進んでほしい、そして、その一歩から生み出される果実を味わい、自信をみなぎらせてほしいなと、切に願います。

「自分がかけられたかった言葉は、どんな言葉？」「相手の言葉をそのまま受け取っちゃったの？」

【過剰に受け入れるクセ：交流分析】

自分の「人との関わり方のクセ」を知る

人からどんな言葉をかけられるか。これ、私たちの人生の質を左右する重要な事柄だったりしませんか？

たとえば、「キミは努力が足りない」と声をかけられれば「そうなのかなぁ」と落ち込んだり、「いつも元気で素敵だね」と言われれば、「そうか、自分は元気なのか！」と喜んでみたり、「一緒にいると明るい気分になるよ」と言われれば、何か役に立っている気分になったりします。

私たちは、案外、人にかけられた言葉そのもので感情が左右される、単純な世界に生きているのかもしれません。

もし選べるとしたら、あなたは人から「どんな言葉をかけられたい」ですか？

ここで少し考えてみてください。

どんな言葉が浮かんできましたか？

■今浮かんできた「かけられたい言葉」をかけてくれる人はどんな人ですか？

■そんな言葉をかけられたらどんな気持ちになりますか？
■そんな言葉をかけてくれる人に巡り会うためにどんなことができそうですか？

そんな問いで、ぜひ思考を発展させてみてください。
そして、この2つの問いかけについても考えてみてください。

■あなたは人からかけられる言葉を従順に受け取り過ぎていませんか？
■そして、その言葉によって自信を失っていたりしませんか？

そんな問いから、自分が他者依存の状態になっていないかを確認できたりもします。
ぜひ、時間をとって自分に問いかけてみてください。

ここで、人と人の関わり方を分析する、**「エゴグラム」と「交流分析」**という考え方をご紹介させてください。私たちは誰かと話をするときに、「どんな自分として関わりたいか」を無意識に選ぶ傾向があります。これを「エゴグラム」と読んでいます。

そして、その「どんな自分」は大きく「ペアレント（親）」「アダルト（大人）」「チャイルド（子ども）」という3つに分類されます（それぞれの英語、Parent／Adult／Childの頭文字を取ってPACモデルと呼ばれることもあります）。

簡単に3つを分類すると……

「ペアレント（親）」↓「見守り」「愛情」「厳格」などの気持ちで接する。
「アダルト（大人）」↓「公平」「平等」「いわゆる大人の対応」などの気持ちで接する。
「チャイルド（子ども）」↓「甘え」「遊び心」「従順」などの気持ちで接する。

というようになります。

皆さん自身は、この3つだったらどれを選ぶ傾向がありますか？

きっと、誰とどんな環境で何の話題を話すのかによって、Pのときもあれば、Aのときもあるはずで、Cを選んで関わっていることもあるはずです。そんな自分の傾向を認識していくのがエゴグラム。

そして、自分の中にこの3種類の関わり方の選択肢があるとしたら、相手にも3種

言われたとうりに
やったんですけど?!
今、上司は
Pが出て
いるんだな
ここ間違って
いたぞ！
P
A
C
P
A
C
はい
AとAの
おつきあい
ここだけ
なおしておいて
P
A
C
P
A
C

類の選択があるはずです。その掛け合わせのことを「交流分析」と呼んでいます。

つまり、自分がAで関わっているのに対して、相手はCで関わっているとか、そういった相関図をイメージして関わることを指しています。

たとえば、仕事の場面でよく見る光景――上司が部下のミスを「あれだけ気をつけろと言ったのに、計算が間違っていたぞ！」と指摘すると、部下が**「部長がやれって言ったから、やったんじゃないですか！」**と反論する場面であれば、上司がP、部下がCといったイメージができます。

こんな形で、「交流分析」を頭の中でイメージしながら会話をすることは、相手の言葉を過剰に受け入れることから自分を守る知恵でもあります。

あなたがA対Aというフラットなコミュニケーションを求めていたとしても、相手がそれを選ばず、AやCで言葉を発することも多くあるはずです。

そんなときに、「相手は今Pの親心が過剰に出ているんだろうな」と理解できれば、相手の言葉を額面通りに受け入れなくてもいいのではないかという知恵も働きます。

さて、話を本題の質問に戻しましょう。

「相手の言葉をそのまま受け取っちゃったの？」

という質問は、この交流分析の知恵を活用した問いかけです。

上司の指示に限らず、他人の意見やアドバイスは、極端に言えば、あなたの本心や現場の実際を知らない、相手都合の言葉です。

最良の選択肢を選択できるのは、当事者である自分しかいないことを忘れないでください。相手の言葉は必要なものだけ取り入れる、というご都合主義も、こういった場面では有効なのではないかと思います。

自分の人生の主人公は自分です。誰かの言葉に過剰に左右され、感情を害したり、自信を失ったりするというのは、要するに、誰かの人生を生きているということ。

自分の人生のセンターラインを、自信を持って歩いてください！

人は、「他人から言われた些細なひと言」とか、「ちょっとした失敗」とか、本当に簡単に自信を失うことがあります。プロのコーチをやっていると、社会的に高い地位を持っている方が誰にも言わず、ひっそり自信を失っている姿を見て、驚くことがよくあります。

そういう意味で、あなたはひとりではない。人間は誰でも、同じような思考のクセがあると私は分析しています。そうだとしたら、そんな思考のクセとどう向き合い、工夫できるのか、ということに目を向けることに活路があるのではないでしょうか。

第2章まとめ …自信がもてないとき…

●自分の感情に目を向けて、事実と推測をしっかり分類する ●うまくいっていることにも目を向ける ●できない言い訳に逃げて、簡単に諦めない ●否定してくる相手の言葉に過剰反応せず、相手の本心を知る ●自分の人との接し方のクセを知る

第3章

他人をうらやましく思うときのすごい問いかけ

反射的な感情の裏の気持ちに気づく、
抽象的な思考を具体化する、
自分の現在地を把握する、
憧れを具体化する、人と比べない方法…
自分の人生のセンターラインを歩くために、
問いかけたい言葉が本章にあります。

「うらやましいと思う裏にある、自分の願いは何？」

【反射的な感情の裏の気持ち】

「うらやましい」は悪い感情ではない

「会社の同僚が自分よりも早く昇進した」

「友人が、宝くじで百万円当たった」

そんなとき、人は瞬間的に「うらやましい」と思います。

こんな事例はあまり日常的に起こらないとしても、たとえば一緒に定食屋さんに行った仲間のしょうが焼きの盛りが自分よりも多いだけでも、口に出さないまでも、内心ちょっとだけうらやましく思うのが人間の性(さが)だったりします。

ここでまず理解を深めたいのは、**「うらやましい」という感情は誰でも普通に思うことで、必ずしも是正すべき感情ではない**ということです。

ですから、「あっ、今、自分は○○さんのことをうらやましく思った！　恥ずかしい」なんて思う必要はありません。

私はむしろ、**「うらやましい」という感情を味わう**くらいでも良いと思っています。

テレビドラマの『相棒』の一シーンではないですが、紅茶でも淹れてホッと一息ついていただき、自分のなかに、「○○さんをうらやましいという感情があるんだな」ということをしっかりと味わう時間を取ってみて欲しいなと思います。

私は、うらやましいという感情には、2つの良いことが隠れていると思っています。

1つは「うらやましいと思うということは、向上心がある証拠」だということ。

もう1つは、「うらやましいと思うということは、他人と比べて自分を客観的に見るという、冷静な視点を持っている証拠」だということです。

うらやましいという感情に対して、だんだんポジティブに思えてきましたか。

そのうえで、**「うらやましいという反射的な感情の裏にある、自分の願いは何？」**と問いかけてみてください。

そもそも、出世に関心がない人は、同僚が出世しても何も感じません。お金に興味がない人は、知人が宝くじで百万円当たっても、別にうらやましく思いません。ということは、**うらやましいの裏には、自分の願いが反映している**ということです。

つまり、自分に**「うらやましいという感情の裏にある願い」を問うことは、自分の隠れた欲求へ向けて一歩を踏み出すための原動力**になるかもしれないということ。

うらやましいという感情は、ネガティブなものどころか、**むしろチャンス**だと考えてみてください。あなたの理想の生き方を実現する旅の始まりでもあるからです。

「自分は、あの人のどこがうらやましいの？」「あの人みたいになれたら、自分はハッピー？」

【抽象度の高い思考の具体化】

「どこがうらやましいのか？」を具体的にする

「うらやましい」という感情を持つとしたら、そこには必ず「対比する誰か」がいるはずです。昔の自分と今の自分を比べて、「昔の自分をうらやましい」とは思いませんよね。

私たちは「自分らしく生きる」ことや「自分らしさを発揮する」ことを、生きるうえでとても大切にしている反面、人の評価を気にしてみたり、自分よりうまくいっていそうな人と自分を比べて思い悩む、という二面性を持った生き物でもあります。

簡単に言うと、私たちは目に入る周りの人のことをとても気にしているということ。


たとえば、私のコーチングを受けにくるお客様にもこんな発言をする人がいます。

「私は同僚のAさんがうらやましくて仕方がないんです！」

そんな相談を受けたとき、私はこう問いかけます。

「Aさんのどこがそんなにうらやましいの？　もう少し詳しく教えて」

「うらやましい」というだけでは、思いが抽象的ですよね。

ですから、自分に「あの人のどこがうらやましいの？」と問いかけて、**抽象的な思考を具体化させて**みることで、より深い洞察を得てもらうのです。

そして、それをリスト化すれば、家とか車とかお金とか、相手の**持っているもの**がうらやましいのか、仕事がバリバリできるなど相手の**能力**がうらやましいのか、地位とか名誉とか、相手の**ステータス**がうらやましいのか、あるいは、単に相手の**容姿**がうらやましいのか……という「うらやましいの正体」がわかってきます。

私の知人には、「ほかの人は少し食べるだけで満足できるのがうらやましい」と言う人や「社内での評価は低いけど、毎日定時に帰る人がうらやましい」と言う人もいます。ひと口に「うらやましい」と言っても、本当にその正体は人それぞれなのです。

ちなみに私は、最近「林さんは本も出版して、それが10万部を超えるヒットになってうらやましい」と言われることが増えました。でも、私自身は、ＴＥＤ（国際的な講演の動画をオンラインで無料配布するアメリカとカナダの非営利メディア組織）で講演をして、その再生回数がすごい数になっている、サイモン・シネックさんのことを勝手ながらうらやましいと思っています。

ＴＥＤに出演しているという事実もそうですし、その中でダントツの動画再生数を誇っていることもそうですし、ゴールデンサークルという独自のメソッドで企業から引っ張りだこだったりすることもそうです。そして、日々さまざまな土地を旅しながら講演して生計を立てているということも、うらやましい要素だったりします。

ないものねだりと言ってしまえばそれまでですが、ここで挙げた要素は、「なりたい自分」の構成要素だったりもします。つまり、「こういう要素が叶えば、私はハッピーなんだ！」ということを、少し先を走る先輩や成功者から学び取るためのヒントなのです。

自分は相手のどこがうらやましいのかを明確にすることで、自分の願いが浮き彫りになったら、今度はこう問いかけましょう。

「あの人みたいになれたら、自分はハッピーなの？」

その「うらやましさ」が、**本当に自分の願望なのかがさらにハッキリします。**

私の場合も、サイモン・シネックさんそのものになりたいわけではないので、サイモンさんのお仕事やライフスタイルのなかで、これは取り入れたいな、叶えたいなと思う要素を選んで採用するようにしています。

「あの人と自分は、何が違うの？」

【現在地の正確な把握】

願望に対する「自分の現在位置」は？

私がこの本を執筆している2023年12月の大きな話題の1つが、メジャーリーガー、大谷翔平選手のロサンゼルス・ドジャースへの移籍です。

大谷翔平さんと自分を比べるという方は数少ないかもしれませんが、もし仮にあなたと大谷翔平さんを比べたとしたら、大谷さんのほうがはるかに優れていると断じる人が圧倒的に多いのではないでしょうか。

大谷翔平さんが出演されているCMのなかで印象的なストーリーがありましたので、ここで簡単にご紹介します。そのCMでは、彼の野球人生での実績や数字を淡々と紹介していきます。たとえばこんな具合です。

三振した数：928回
打たれたヒットの数：647本
ホームランを打たれた回数：59回
失点数：281点

チャンスで凡退した回数：506回
二刀流は無理と言われた回数：数え切れない

大谷さんの最近の活躍ぶりだけを捉えれば、スーパースターだし天才だし、成功者だと思いがちなのですが、こんな数字の羅列から、大谷さんもゼロからスタートしたんだということが何となく想像できます。

そんな観点から、「あの人と自分は何が違うの？」と問うとすれば、地道に1つのことをコツコツとやるということにおいては、そこまで違いはないのかもしれません。

すこし話が大きくなりましたが、この問いかけは、自分がうらやましいと思う人、つまり、自身の願望をすでに叶えている人の立ち位置に対して、自分が今、どのくらいの位置にいるかという、**現在位置の確認につながる問いかけ**です。

その大谷さんの出演するＣＭの最後の言葉はこんな言葉でした。


「二刀流を無理だと思ったことは一度もない」

きっとここが「あの人と自分は何が違うの?」の答えかもしれませんね。
私はたくさんの方の人生の目標達成に関わっていますが、達成できるかできないかはこういったマインドの違いと、行動量の差だと思っています。

吉本興業の会長、大﨑洋さんもNSC吉本総合芸能学院の生徒さんに向けてこんな発言をされています。

24時間面白いことを考えることが苦にならない、快感を感じる
そうじゃない人は勇気を持って撤退しましょう

どんな業界でも、強いメンタルと、人並外れた行動量が大切なようです。

さて、話がだいぶ逸(そ)れましたが、「あの人と自分は、何が違うの?」という問いから、さまざまな洞察を得ることができます。私の例だと、サイモン・シネックさんは2009年からご自身独自のメソッドを開発し、本を出版するなどの活動をしてきて

いるのに対して、私が自分のメソッドを確立して出版をしたのは２０２１年のこと。

つまり、自分とサイモンさんの経験には10年ちょっとの差があるのです。

こんなふうに考えていくと、憧れている人が山の頂上にいるとしたら、自分はまだ三合目とか五合目とか、どの位置まで来ているかがつかめるわけです。

また、その人との違いをリスト化すれば、「自分の努力でなんとかなる違い」と、「努力ではどうにもならない違い（国籍とか容姿とか）」もハッキリします。

さらに、逆を照らして、**「自分と違わないところ」**を考えてみると、**「うらやましいと思える存在」に近づくために、「ここはもうできているけど、ここがまだできていない」という、やるべきことというか、課題の見通し**もある程度はついてきます。

「あの人は、すでに10年のキャリアだけど、まだ3年のキャリアの自分が、ここまでできているのは上出来」と思えるかもしれません。

自分を俯瞰（ふかん）で見ることができて、視界が広がる可能性もあります。

ここまでの自分への問いかけは、いわば「自分の内面を探る問いかけ」。次は、その視点を相手に移します。

「自分がうらやんでいる能力や環境を、あの人は満喫していると思う？」

【視点の切り替え】

自分の視点から相手の視点へ

私がサイモン・シネックさんをうらやましく思っている話を、もう少しだけさせてください。

実は私、サイモンさんとは一切面識がありません。お会いしたことも、メッセージのやり取りをしたこともない。私が一方的に憧れていて、同時にライバル視しているというだけの存在で、きっとあちらは、私の存在すら知らないと思います。

そういう意味では、私はサイモンさんがどんな生活をしていて、今の仕事や収入、ライフスタイルを得るためにどんな研鑽（けんさん）をされていて、今後何を目指しているのかといったことを知る由がありません。サイモンさんは、幸せな人生を送っているのでしょうか？　ご本人に会うことがあったら、ぜひお聞きしてみたいなと思っています。

そんなことで、この問いかけは、相手に視点を切り替えてみることで、**「もしかしたら、自分は相手の一面しか見ていなくて、闇雲（やみくも）にうらやましいと思っていないか？」**ということに気づくための問いかけです。

私がこの話題で必ず事例としてお話するのが、元メジャーリーガーのイチローさんのことです。

イチローさんには実にたくさんの伝説があります。

たとえば、「小学生の頃、友だちが遊んでいる時間にも、毎日、父親とバッティングセンターに通っていた」とか、「自分の体調を正確に把握するために、毎朝、必ずカレーを食べていた」とか。特に、カレーの話は、私自身に当てはめたとすると、そこまでストイックに毎日同じメニューを食べて過ごしたいかと聞かれれば、それは明らかにNOだし、それが楽しいとは到底思えないなと感じるわけです。

そんなことから、「イチローさんは自分の能力や環境を満喫していたかもしれないけど、自分には無理」とか、「決して、才能だけで成功したわけではなくて、人の何100倍も努力した結果なんだな」といった細やかな想像ができるようになるのです。

そしてそれは決して、「いいことばかりではない」ということに気づけるわけです。

実は、私もよく「コーチングの仕事がうまくいっていて、林さんのことがうらやましい」なんて言われることがあります。

そんな私が日々の生活を面白おかしく満喫しているかというと、実際のところそんな瞬間ばかりではありません。

たとえば、仕事と仕事の合間で立ち寄ったカフェでまったりとして頭を休めたいと思っていても、つい、となりの席のカップルの会話が耳に入って、頭のなかでコーチングを始めてしまったり、対話の分析を始めてしまったり、という「スイッチ」が自動的に入って、休息のための時間がコーチングのネタの仕入れのための時間に様変わりしたりします。

また、家でテレビを見ていても、出演者の発言や、ドラマに出てくる会話など、すべてがコーチングのネタに聞こえてしまいます。つまり、四六時中、頭が休まらない。常にコーチングやコミュニケーションのことばかり考えている状態が続くのです。

私のことをうらやましいとおっしゃってくださる方には、「そんな日常をお伝えして、それでもうらやましいと思いますか？」とお聞きしてみたりします。

このように、うらやましいと思う相手にも、ほとんどの場合、実際に本人になってみなければわからない、細やかな苦労や、その人独自の事情があるものです。

「あの人は、自分の能力や環境を能力や環境を満喫していると思う？」と問いかけてみることは、**闇雲（やみくも）にうらやましがることの無意味さを知るきっかけ**になります。

そこまで思いが至ると、視点が変わって、うらやましいと思っていた相手も、単純にその環境を楽しんで満喫しているわけではないということがわかります。

なお、この問いかけでは、実際に「相手が自分の生活を満喫しているかどうか？」は、さほど問題ではありません。

それより、問いかけによって自分の想像を膨らませることで、相手をうらやましいと思っていた気持ちに、少し変化が出て、**思考が広がること自体が大切**なのです。

そこから、新しいアイデアが生まれる可能性もあります。

もし、うらやましいと思っている相手が身近な人物なら、「○○さんはどんな日常を送られているんですか」なんて、実際に聞いてみてもよいかもしれません。

そうすると、「いや、実は今、悩んでるんだ」なんて、意外な話を聞けるかもしれませんよ。

「自分があの人になれたらどんな生活を送れる？」

【漠然とした憧れの具体化】

リアルに具体化させることで見えてくる

さて、ここからの項目は、実際に私からコーチングを受けているような臨場感を持って読み進めていただきたいなと思っています。ぜひ、想像力を膨らませながら、自分事として関わってみてください。

誰かをうらやましく思うことは悪いことではないと、この章の冒頭に書きました。逆にそんな憧れの人がいるなんて幸運かもしれません。あなたは、その憧れの人のようになれたとしたら、あるいは、その人が謳歌しているであろう環境を手に入れたとしたら、どんな日常を過ごせると思いますか?

ぜひ、想像力豊かにイメージしてみてください。想像するのは苦手、という方は、ネットでそんな理想の生活を過ごしている人のインタビュー記事などを探して、その人の日常を垣間見る時間を取ってもいいと思います。

序章で、オーストラリア人のコーチ、アンソニーに「夢は何?」と問いかけられて、私が「フェラーリが欲しい」と軽々しく答えたという話をしました。

その後、アンソニーへ正式にコーチングの依頼をした私は、彼からこんな問いかけをされました。

「もし、実際にフェラーリを買ってオーナーになれたとしたら、ケンタロウはどんな生活を送れる？」

そのときは、「それはもう、毎日のようにご自慢のフェラーリに乗って、週末はドライブを楽しんで、周りから羨望のまなざしを向けられて……」と、調子のよいことを想像して答えたものです。

アンソニーからは「本当に？」と聞かれましたが、自信たっぷりに「本当に！」なんて答えていました。ところが……。

それから10年ほどの時間が経ち、私の仕事も軌道に乗り、幸運にも実際にフェラーリを所有するという大きな夢を叶えることができました。そして、夢の車の持ち主になってわかったことがあります。

まず、とにかくやたらと目立つので、買い物などの普段使いには向いていません。駐車場に停めていても、いたずらされるのではと心配で気が気でない。さらに、狭い道はこすりそうで通りたくないし、車高が低いのでコンビニの段差もいちいち気を使います。さらに、雨の日には乗りたくない。結果、毎日のように乗るなんてとんでもない……という現実を知りました（当然、そういうことを気にせず、毎日乗る方もいらっしゃるので、あくまで私の事情ですが……）。

かつての私が、いかに想像力が乏しかったか、がわかります。

誤解しないでいただきたいのは、前項の「自分がうらやんでいる能力や環境を、あの人は満喫していると思う？」と、この「自分があの人になれたらどんな生活を送れる？」という問いかけの狙いは、**「うらやましいと思う相手は、実は結構大変だから、そうならないほうがいいよ」ということを悟らせるためのものではない**ということです。

うらやましく思う相手と同じ立ち位置になりたいと思う人に対して、その「うらやましさ」を、**良いことも悪いことも含めて具体的にする**ための問いかけです。

なぜなら、**漠然とした憧れのままでは、憧れは実現しない**から。

相手の「良い部分」にだけ目を向けたり、いい加減に相手の生活を想像したりするのではなく、相手が苦労しているであろうと思われるところまで、しっかりとリアルに想像することが大切。そうすることで、それが憧れの実現への第一歩になり、**憧れに手が届きやすくなる**のです。

私が一番残念に思うのは、「あの人は特別だから」という発想です。そう思った瞬間に、もうその可能性はなくなります。

今は昔と違って、「フェラーリのオーナーの体験談」だって、「憧れの人がどんな生活を送っているか」だって、ネットで検索すれば、簡単に調べることができます。

想像力を働かせるだけでなく、具現的に知る方法はありますから、そういうものを読んで、よりリアルに現実を知るのもありです。

もちろん、現実を知って、「うらやましいと思う気持ちがなくなった」というのなら、それも良し。「うらやましいとは思うけど、自分はフェラーリまで持つ気はない。ちょっと高級な国産車で十分」という方は、それもまた良し。

その人の実際の生活や収入などの実際を知れば、**「本当にうらやましいと思うに値するかどうか？」がわかるので、憧れる価値があるかを判断できる**と思うのです。

「いつまで他人の人生を生きるつもり？」

「いつまで自分と他人を比べるつもり？」

【人と比べない生き方】

相手をベンチマークにしない生き方

「人をベンチマークにして生きるのはそろそろやめよう」という割と強めのメッセージを含む問いかけです。

私は、他人をうらやましく思うお客様に、こんな言葉を伝えることがあります。

「あの人と自分を比べることって、そんなに重要なの？」
「あなたはあなたの人生のセンターラインを堂々と歩いてください」

自分を高めたり、夢を追いかけたりするうえで、理想の姿として誰かに憧れることは大事でしょう。しかし、あなたはあなたの人生を、その人はその人の人生を歩いています。同じ会社で働く仲間でも、価値基準とか、求めているものは違いますよね。

「参考にする」のはいいけれど、**自分の目標設定をして、あくまで自分の道を歩いていくことに重きを置いてもよい**のではないか、と思いますし、直接お伝えするようにしています。とはいえ、ここまで直言できないことも多いので、そんなときには……

「○○さんは、その人になりたいの？」
「○○さんは、その人の二番煎じでいいの？」
「○○さんのオリジナリティはどこにあるの？」

といった変化球を投げることも多いのですが、伝えたい主旨は同じです。

自分が自分で決めた、自分の人生を歩いていく。このメッセージを伝えることが私に与えられた使命なのではないかとさえ思っています。誰かの背中を追いかける人生をそろそろ卒業して、あなたも誰かから背中を追いかけられる存在になりませんか？

第3章まとめ

…他人をうらやましく思うとき…

●他人をうらやましがるというのは、実は自分の願望の裏返し　●うらやましいと思っている相手になることができたらどうなるかを想像してみる　●うらやましいの正体を具体化する　●人と自分の比較を手放す

第４章

イラ立ちを感じてしまうときのすごい問いかけ

感情の反応に任せない練習、
根源のモチベーターを理解する、
相手の世界と視座の転換、正しい意思決定のヒント、
自分と相手の基準の乖離…
過去から学び客観的な視点を得るために、
問いかけたい言葉が本章にあります。

「このイラ立ちは、一時的なものではないだろうか？」

「今、それを考える必要ある？本当にやるべきことは？」

「あの人との関わりは本当に必要？」

【感情の反応に任せない練習】

深呼吸して、ひと息ついてから行動

相手の言葉や行動に、瞬間的にカチーンときて、感情に任せて衝動的に行動してしまうこと、ありませんか？

そんな「売り言葉に買い言葉」的な行動は、百害あって一利なし。トラブルの元です。昔から「短気は損気」という言葉もありますよね。

いきなりの怒りやイラ立ちに襲われたとき、自分に問いかけてほしいのが、**「このイラ立ちは、一時的なものではないだろうか？」「今、それを考える必要ある？　本当にやるべきことは？」**という問いかけです。

そもそも、イライラしているときのあなたは、聡明な思考ができて、持てる能力を発揮できるベストな状態でしょうか？

きっと、その真逆なのではないですか。そんなときに意思決定して行動するのはやめましょう。それがはじめの一歩だと思ってください。

たとえば相手が部下だったとして、あなたがイラ立ちに任せてハードな言葉を突きつければ、パワハラとみなされ、その職を失うことだってあり得ます。発言にはどうぞご注意ください。

そんな世の中の状況もあり、自分が冷静ではない、と気づくこと、そして、深呼吸し、ひと息ついてからリアクションしてみることをお勧めします。

これはメールでも一緒です。いっときの感情に任せて返信してしまったら取り返しがつきません。メールの場合は、文字として残るので、さらにやっかいです。

ちなみに、ブッダは、「どんな感情も、生まれては消えていくもの。だから、怒りの感情が湧いたら、その感情を心の中で見つめ続ける。その間は判断しない。そうすればその感情は滅(めっ)されていく」という意味のことをおっしゃっています。

どんな怒りやイライラも、時間が経てば必ず消えていくので、待ちましょう。

「あの人との関わりは本当に必要?」という問いかけ、かなりドライに聞こえるかもしれませんが、相手にイラ立ちを覚えたときには有効ですので、ぜひ使ってみてください。こちらもブッダの教えですが、「物事は常に変化している」と説いています。私たち人間には、一度始めた関係は、ずっと同じ状態で継続させたいと思う傾向があります。しかし、人間関係は時間が経って環境が変化していけば、距離が縮まったり、離れたりするものです。そんな意味では、相手へのイラ立ちは、その人との関係を見直すよい機会になります。

あなたはその人とどんな関係を作りたいと願っていますか？

そして、それは達成されていますか？

そんな確認をしてみてもよいと思います。その結果、相手によっては本当に絶縁するとか、一定の距離を置くようにするとか、その人の言葉は右から左へ受け流すなども手です。

「この人との関係は、切ろうと思えばいつでも切れる」と思うだけでもイライラがおさまるかもしれません。

私の友人に、誤解によって突然、知人から絶縁宣言のメールを送られた人がいます。その友人は、誤解を解くために返信をしようとしましたが、よくよく考えて、そのままにしたそうです。その相手とはこれ以上はお付き合いしなくてもよいと判断したというわけです。人との関係性や距離感はあなたが選んでもいい、と覚えておいてください。

「そもそも、どうしてイラ立ちを感じた？」

「何がそんなに気に触ったの？」

【根源のモチベーターを理解する】

「イライラの根源」はどこからきているのか？

これは**「自分のイラ立ちとか怒りのモチベーションはいったいどこからきているのか？」**を認識するための問いかけです。

「どうして、相手のほんの些細な言葉に、こんなにもイラ立っているんだろう？」と、自分に問いかけてみると、自分でも忘れていた過去の体験とか、潜在意識とか、大切にしている価値観とか、根源の欲求とか、そういう深い部分に気づくことがあります。

たとえば、子どもの頃から、自分を大切にされたという経験がなくて、そのために、相手が少しでも自分を軽く見るような態度を取ると、異常なほど頭にくるとか。

子どもの頃に友だちから「おっとりしている」と言われていたことが、ずっとコンプレックスとして残っていて、そのために、「仕事が遅いね」と注意されたひと言に、過剰に反応してしまうとか。

自分のイラ立ちや怒りの根源を問いかけることで、**「そうか、このイラ立ちの元は自分の内面の問題であって、必要以上に腹を立てることはなかったのか」**と気づけるかも……という問いかけです。

この問いかけは、自分の思い込みを正すときにも使えます。

例を挙げましょう。

ある日、あなたは、会社の勤務のあと友達と食事をする予定があり、朝から、「今日は定時に帰ります」と周りに宣言をしました。

ところが、あなたが日頃から「自分に対して意地悪をしてくる」と感じている上司が、定時間際になって仕事を依頼してきたのです。

当然、あなたは「今日は残業をしないって伝えているのに、どうしてこんな意地悪をしてくるのだろう」と憤慨するでしょう。

さて、ここで自分への問いかけです。

「そもそもどうしてイラ立ちを感じた？」と、問いかけてみます。

すると、こんな答えが。

「この上司はいつも自分に対して意地悪な指示を出してくる。だから、今日も頭にきた！」

つまり、怒りの根源は、そもそもあなたがこの上司を嫌っているということだとわかります。

これがもし、普段から良好な関係の上司なら、同じことを言われてもまったく腹を立てることなく、こんな会話で終わっていたかもしれません。

「○○さん、この仕事、今から頼めるかな?」

「すみません、今朝、お伝えしたように、今日は残業ができないんです」

「あっ、そうだった。ごめんごめん。じゃあ、ほかの人に頼むよ」

オフィスでは、ごく普通にある会話だと思いませんか。

何が言いたいのかというと、イラ立ちや怒りの根源は、もしかしたら、自分の思い込みに起因しているかもしれないということです。

このように、イラ立ちのモチベーションを問うことで、その元になっている意外な原因にたどり着くことがあります。すると、**「イラ立つほどのことではなかった」と怒りをコントロール（アンガーマネジメント）することも可能になったりするのです。**

「このイラ立ちの気持ちをぶつけたら、
相手はどう受け取る？
自分はどうなる？」

「もし不満をぶつけたら、
あの人との関係性は
どう変化していく？」

【未来志向】

「行動」と「結果」の因果関係を理解する

頭にくると、思ったことをすぐに相手に言ってしまう、瞬間湯沸かし器みたいな人は、よく、こんなことをおっしゃいます。

「頭にきたんで、言ってやりましたよ！」

あと先を考えずに、一次感情をそのままぶつけてしまったわけですね。

本人はそれを後悔するどころか、自慢げに話しています。

まあ、啖呵（たんか）を切って、上司に対して「倍返しだ！」なんて言っても、ドラマなら「主人公、カッコイイ」で終わります。でも、現実はそれで終わりにはなりません。

たいがい痛い目を見るか、話が余計にこんがらがって悪い方向に進んでしまいます。

いっとき、ドラマの『半沢直樹』がブームになったとき、若手社員が上司に土下座を要求したり、退職願を叩きつけたりということが実際にあったと聞きますが、一時的な感情でそんなことをやってしまった働き手のその後を心配してしまいます。

逆に、部下やチームメンバーに対して「〇〇さんは、なんか最近、仕事の質が下がってるよね！」「こんな仕事もできないなら、別の仕事したほうがいいんじゃないか」などと直言してしまう上司もいます。

この若手社員も上司も、もう少し、想像力があれば……という話です。

そんな一次感情をぶつける前に、少し冷静になり、「もし、この感情をぶつけるという行動に出たら、相手はそれをどう受け取るか？　相手との関係はどうなるか？　行動の前に結果を考えよう」と、因果関係の理解を進めるのが、今回の問いかけです。

ちなみに、コーチングでは、意気揚々と「言ってやりましたよ！」とおっしゃる方には、こう問いかけます。

「言っちゃったんですね。その言葉、相手はどう受け取ったと思いますか？」

まあ、「そんなの関係ありませんよ！」と息巻く方が多いのですが……。

「言ってしまって、その人との関係って、これから良くなると思う？　それとも悪化すると思う？　あるいは変わらないと思う？」

そう聞くと、ようやく、「うーん。まあ、良くはならないでしょうね」と……。

こちらがマイナスの強い感情をぶつければ、鏡の法則を出すまでもなく、相手もマイナスの強い感情を抱きます。当然、ほとんどの場合、プラスの方向には流れません。もし、もともと対立しているような相手なら、対立がさらに深まること必至です。

そんな悪循環に陥らないためにも、ぜひ、激しい一次感情をぶつける前に、相手の反応を想像してください。

もし、すぐに冷静になるのが難しいと感じた場合は、トイレに行くなど、とにかく一度、その場を離れる。あるいは、心のなかでゆっくりと10まで数を数えたり、深呼吸をしたり、お茶を一杯飲んだり、とにかく時間を置くことをお勧めします。

ぜひ、冷静になって、想像力を働かせ、相手から、**「自分が欲しいと思っている言葉」が返ってくるような、会話のシナリオを設計（デザイン）**をしたいところです。

ちなみに、「こう言えば、こう返ってくる」という仮説を立て、「会話のシナリオ」を冷静にデザインする能力は、優れたリーダーに求められる要件の1つでもあります。

「あの人には悪意があったと思う？」

【相手の世界と視座の転換】

「相手には相手の世界があるかもしれない」という想像

私は、これまで二万人以上のリーダーに接してきて、こんな持論を持っています。

ビジネスの世界において、相手をいじめてやろうとか、懲らしめてやろうという悪意から厳しい態度を取る人はごく少数派である。

とくに上司と部下という関係においては、上司が部下に対して厳しい態度を取ったり、厳しい言葉をかけたりするのは、**ほとんどの場合、「悪意」からではなく、「善意」によるもの**です。

部下からすると、いじめられているように感じても、第三者として話を聞くと、「それはあなたに成長してほしいから」とか「あなたに仕事を覚えてもらうため」という、相手に対する「願い」が含まれていることがほとんどなのです。

なかには、本当に自分のストレス解消のために部下にきつく当たるケースもないとは言いませんが、ほぼ9割以上は、「善意」からという印象です。

そもそも、上司は「部下イジメ」を楽しむほど暇ではないのが最近のビジネスの現場で起きている現実でしょう。

そのことに気づくための自分への問いかけが「あの人には悪意があったと思う？」です。

ここで意識してほしいことは、**「相手には相手の世界がある」**ということです。

そのことについて、私はよく、こんな表現でお伝えしています。

「その人はその人の精一杯をその瞬間にやっている」

それを信じられるかどうかです。

上司は、なんとか部下を一人前にしようと精一杯やっているし、部下は部下で、上司から見たら遅くて不正確な仕事でも、本人なりに精一杯やっている。

そう思うことができたら、視座が変わって、あまり腹も立たなくなると思います。

「将来、自分の人生を振り返ったとき、今からする決断は最高だったと思える？」

【正しい意思決定】

未来の自分から、今の自分の判断を客観的に見る

私たちが物事を決めるときの基準にはどんなものがあるでしょうか。

・自分にメリットがあることをやりたい
・人の役に立ちたい
・今までと同じポリシーを適用したい
・人と同じやり方をしたい

など、人それぞれ、決めるときの基準を持っているのではないかと思います。

その基準を考えて物事を決めるときの「時間軸」は、「今日・明日」、「今週、来週」といった比較的目先の結果やメリットを考えて物事を決める傾向があると思います。

そんな私たちが気にかけたいのは、「もう少し先の未来」。

「今のこの意思決定は、時の流れに耐えうるか?」を問うてみてほしいのです。

子育てをしている中での会話を一つの事例として挙げてみます。

この本を書いているのはちょうど12月の後半、つまりクリスマスシーズンなのです

が、この時期、お子さんのいるご家庭では、サンタクロースのプレゼントの話題が比較的多く子どもから語られるのではないでしょうか。

私の知り合いのIさんのお宅では、今年小学校に進学した長男が11月に入った頃から毎日のようにIさんやIさんの奥さんに対して「サンタさんに○○が欲しいってお願いするんだ～」というプレゼンをするのが日課のようになっていました。

Iさんも最初の頃は、自分が子どもの頃のことを懐かしく思い出しながら、「自分もそんな頃があったな、微笑ましいな」と感じ、丁寧に話を聞いていました。しかし、それが毎日のように繰り返し起きるので、徐々にイライラが募っていきました。

そして、クリスマスが3日後に迫った日のことでした。長男はいつもと同じように、サンタさんから欲しいものをIさんにプレゼンし始めたのですが、イライラを堪えきれなくなったIさんは思わず、「サンタクロースなんているわけないだろ！　毎日毎日うるさい！　いつまで信じてるんだ！」と語気を荒げてしまいました。

当然、長男は激怒した上に、ものすごく悲しい表情を浮かべながら、自分の部屋にこもってしまいました。そして、クリスマスが終わるまで、Iさんと口をきくことはありませんでした。

このIさんの判断に対して、たとえば私が**「10年後の自分がそのことを振り返ったとき、最高の判断だったと思うかどうか？」**と問うたとしたら、どうでしょう。

きっとIさんは、「あのとき、とっさに言っちゃったけど、あれは言わないほうがよかったですよね。イライラしたということはあっても、子どもの夢をそんな形で壊してしまうのは明らかに良くないですよね」と伝えてくれると思います。

「ほかにやりようはなかったか？」といった問いかけもきっと有効です。きっと「何も言わない」という選択肢もあれば、「違う言葉を使って伝える」こともできますよね。他にもたくさん方法や選択肢はあると思います。

たとえば、10年後の自分が振り返ったと想像し、後悔をしそうか、それとも、やっぱりその決断でよいと思うかを想像してみてください。

当然のことながら、このIさんの事例のように、思わず口にしてしまった、ということでは「時すでに遅し」ですので、とっさに何かを言おうとしたときに、ここでご紹介したような問いかけが自分でできる自制心を少しずつ養っていきましょうね。

「同じようなことを、自分も他人にしていない？」

【自分に対する基準と他人に対する基準の乖離】

「人の振り見て我が振り直せ」を問う

これは、ちょっと堅い表現をすると、「自分に対する基準と、他人に対する基準の乖離」を問う問いかけです。

私はプロのコーチを育てるオンラインスクールを経営していたことがあり、その当時のモットーが「コーチは笑顔で」というものでした。そのため、生徒さんには「お客さんとコーチングしている間は常に笑顔でいよう」と指導していました。

講義中に、受講生同士でコーチングをしてもらう時間があるのですが、そこでコーチ役をする受講生に笑顔ではない瞬間があると、「笑顔がなかったね」と厳しいフィードバックをしていました。

そして、受講者から「私はそんなにいつも笑顔でいるのは無理です」という言葉が返ってくると、「それじゃ良いコーチにはなれないね」と一刀両断するという、今思えばかなり厳しい指導をしていました。

あるとき、「じゃ、林さんは本当にいつも笑っているのか？」という疑問が受講生の間から出まして、私が実際にデモンストレーションをする機会があったのですが、その動画を見て私は現実に目を背けたくなりました。

ずっと笑顔で関わっていたつもりの私ですが、映像の中の私はそこまで笑顔の瞬間が多くなく、真顔の瞬間も多くあったのでした。

これぞ、「人に厳しく、自分に優しい」状態ですね。

自分のやり方を押し付けるような指導をする人のことをあまり好んでいない私自身が、私のやり方を生徒さんに押し付けようとしていた。恥ずかしながら、そんなことに気づく貴重な経験でした。

そういう意味では、この「同じようなことを、自分も他人にしていない？」は、自分の行動を変えるきっかけにもなる問いかけだと言えます。

「今までに同じような経験をしたことはない？」

◀

「そのときはどうやって解決した？」

◀

「その経験から何を学んだ？」

◀

「その経験から今回のことに活かせそうなことは？」

【過去から学ぶ】

過去の経験にはヒントが眠っている

実は、コーチングという手法においては、「未来志向」という考え方が大前提で、過去について問いかけることは、ほとんどありません。そんなコーチングの中でも、ごく稀(まれ)に過去を問いかけることがあります。

過去に起きた事実や結果は変えられませんが、過去の行動や決断から、今目の前にある課題の解決策やヒントを得ることはできます。あなたがイラ立ったり、冷静な判断ができなくなったときは、**過去の経験を思い出して、今回に活かせないかを問うという手段があること**、ぜひ覚えておいてください。

そして、この過去を問い、過去体験からヒントを得るというプロセスには、「この順番で」という明確な質問の順序（フレーム）が決まっています。

それは、以下の順番になります。

「今までに同じような経験をしたことはない？」

↓

「そのときはどうやって　解決した？」

←

「その経験から何を学んだ？」

←

「その経験から今回のことに活かせそうなことは？」

なぜ、この順番かというと、過去の経験から「要素」だけを抜き出したいからです。経験そのものの事象ではなく、そこから洞察や学び、次に生かすヒントを得るために、**必要な要素（エッセンス）だけを引っ張ってくる**ために過去について問う。今のこの状況と似ている経験をしたことがないかを思い出し、そのときにどうやって解決できたかを振り返り、そこから学んだことを整理し、今回、どう活かせるかを考える。ぜひとも、この手順を守って問いかけてください。

そうやって順番に聞くことで、単純に**「前回はこうやって成功したから、今回も同じでいいや」という短絡的な思考にならないようにする**のです。あくまで、成功体験そのものではなく、成功体験から学んだことを活かして、「今回に当てはめるとどうか？」というバリエーションを考えたい。

微妙な差でわかりにくいかもしれませんね。例を挙げましょう。

たとえば、「お客様からクレームがあったとき、菓子折りを手土産にして謝罪に行ったら丸くおさまった」という成功体験が10年前にあったとします。

さて、10年後にシステムトラブルを起こしてお客様へ謝罪に行くとき、今回も菓子折りを持って行けばよいか……ということです。

手土産を持ってお客様先へ出向く、というのは、いささか古臭いやり方かもしれませんので、そのまま通用するとは思えないのですが、そこには「お客様の気持ちをおもんばかり、誠意を示す」というエッセンス（あるいはヒント）があります。そのエッセンスだけは活かして、「今回のことで、手土産にあたる行動とは何か？」を考えてほしいということです。

過去のアイデアそのものを当てはめるのではなく、過去から使えるアイデアを持ってくる方法、ぜひ活用してみてください。

「自分と同じ境遇の人が近くにいたとしたら、どんなアドバイスを送る？」

【客観的な視点を得る】

より遠い目線で物事をとらえよう

私のお客様は企業のリーダーが多いのですが、多くの方が部下育成に関して課題を感じています。そして、こんなコメントをおっしゃる方も多くいらっしゃいます。

「私の部下が、何度伝えても納期を守れないし、納期に遅れることについて報告すらしてこないんです。私が部下だった時代なら、こんなことはありえないし、猛烈に怒られました。今までは優しく対応してきたんですが、そろそろガツンと言ってやらないとダメなのかなと……。多分、言われないとわからないんだと思います」

なるほど。お気持ちはお察しします。きっと私がその立場で同じ経験をしていたとすれば、同じような思考になったかもしれません。

こんな状況のときに考えて欲しいのが、より遠い目線で物事を捉えることです。

たとえば、このリーダーの方と私とのそんな会話を、あなたがカフェの斜め向かいの席から遠目で観察していたとしたら、どんなことを感じるでしょうか。

「このリーダー、今日は機嫌が悪いのかな？」

「意外と短気なの、この人？」

「もうちょっと待ってあげてもいいんじゃない？」

「このリーダーの接し方がイケてないのでは？」

もしかしたら、そんなことを感じるかもしれませんね。

こういった俯瞰的な目で物事を見ることを専門用語で**「メタ認知」**と呼んだりします。「目の前に、今の自分と同じようにイラ立っていたり、悩んでいたりする、同じ境遇の人がいたとしたら、どんなアドバイスを送りますか？」という問いで俯瞰的に物事を見れば、一瞬にして自分の状態をより冷静な目で見ることができるのです。

イラ立って冷静さを失っているとき、ぜひ、使ってみてほしい問いかけです。


第4章まとめ…イラ立ちを感じてしまうとき…

●一次感情で行動しない ●イラ立ちの理由を問いかける ●一次感情をぶつけてしまったら、どうなるか ●相手の立場になってみる ●未来の自分に視座を移す ●過去の経験からエッセンスを取り出す ●メタ認知を使う

第5章

人間関係に悩んだときのすごい問いかけ

Iの視点からWeの視点へ、
対比の構造からの脱却、
ほんとうのチームビルディングとは？
他責な自分に気づく、伝えないとわからない……、
お互いのより良き関係のために、
問いかけたい言葉が本章にあります。

「あの人との関係は、自分にとって
どういう意味を持つ？」
「これから、この関係を
どうしていきたい？」

【Weの視点で未来を問う】

相手との関係性を定義してみる

あなたの周りにはどんな人がいますか？　昨日初めて会った人もいれば、小学校時代からの友人や、仕事上での同僚や上司・部下もいますよね。この章では、大きな意味で人間関係に関する悩みについて取り扱っていきます。

あらためて考えると、ひと言で「人間関係」と言っても、「人生のパートナー」「自分にとってなくてはならない存在」「いると便利な人」「人生のスパイス」「情報源」「活力の源」「相棒」「いてもいなくてもいい人」など、いろいろ出てくると思います。そんなさまざまな人間関係があるなかで、そもそもあなたは、なぜその人との関係を継続させているのでしょうか？

ここでは、私のコーチングを受けにきたお客様の例をご紹介したいと思います。

お客様：「最近、社内で異動したんですが、異動先の上司が、実は私と同期入社の人で……。今までは同じ境遇ということで、毎月１回は必ず飲みに行くような仲だったんですけど、この部署に異動してきてからは、ギクシャクしてしまって困ってます」

林：「ギクシャクして困ってるんですね。ちなみに、その方との関係って〇〇さんにはどんな意味を持つんですか？」

お客様：「そうですねぇ、あまりそういう尺度で考えたことがないですけど、でも、かけがえのない友人の1人だと思っています」

林：「そんなことを思ってらっしゃるんですね」

お客様：「改めて考えてみればそうですね。とても気が合いますし、なんでも相談できる大切な友達だと思っています。ただ、急にその人が上司になったので、今までの関係が壊れてしまうのではないかと心配していたということに気がつきました」

私たちは目の前にある現実をどう解決するか、ということに気を奪われがちですが、この事例のように「違和感」を感じた瞬間は、**「そもそも、相手と自分の関係性はどういうものなのか？」ということを改めて考える絶好のチャンス**だったりします。

そのうえで、今、その相手との人間関係に悩んでいるということは、「本当は、同じ目標に向かう仲間という関係のはずなのに、敵対関係になってしまっている」などのように、あるべき本来の関係が変化して、ギャップが生まれているのかもしれません。

この事例の場合でも、同期入社でかけがえのない、なんでも話せる友人と考えていた相手との関係性が、異動をきっかけに変化しているのかもしれない、と考察できます。まずは、関係性に変化が生まれているのかもしれない、ということに目を向けることが大切です。

ここで、**「相手との関係をどうしていきたいのか？」と問うていくのですが、ここで気をつけたいポイントは「I」ではなくて「We」の視点で未来を問うことです。**

わかりにくいと思うので少し補足しますが、「I」の視点というのは、自分がその人との関係をどうしたいか、つまり**「自分本意の考え方」**になりがちです。「We」の視点とは、**「私たちはどういう関係を作りたいのか？」**という問いかけですが、この構文で考えると、2人それぞれがどんなふうに関わりたいのか、という、いわゆる**「双方向」**の関係性をイメージしやすくなるのです。

自分とは別の人格を持った相手を、自分の理想の枠に押し込もうとしていないか？

そう考えると、相手との関係について、なぜ、自分は引っかかりを感じるのかが解明される糸口になるかもしれません。

そんなことを考えながら、相手とどんな関係をこれから築いていきたいかを想像してみてください。もしそれがポジティブなものであれば、相手の方と手を繋いでいく活動を進めてみるとよいでしょうし、もしそれがネガティブなら、これから先の関係性の作り方を再定義してもいいのかもしれません。

関係性のバリエーションはさまざまです。当然、「密接な関係」もあれば、「それなりの距離を取った関係」もある。あるいは、「無関係」というのも関係性のバリエーションの1つとして加えてみてもいいと思います。

そして、その関係性は都度、変化してもよいと考える。つまり、最初はとても「親密」だった相手とも、状況の変化によって「無関係」を選んでいく。そんなことがあってもよいのではないかと思うのです。そして、その「無関係」から、時を経て適切な距離を取った関係に変化することもあります。

そんな考え方をすれば、「絶縁」や「あの人とはもう絶交」といったハードなアプローチを取らなくても、「あの人とは一旦、無関係という関係を選ぼう」といったアプローチができるようになります。そのほうが、未来に可能性を残していると思うのですが、いかがでしょうか。

「あの人に変わってほしいと思ったのは、どうして？」

【物事は変化していく】

世の中は、「無常」であると知る

私のコーチングを受けにきてくださるリーダーの方からよく聞く不満の1つが、部下の成長に関することです。

「うちの部下なんですが、全然成長がないんですよ。与えられた仕事はそれなりにこなすんですけど、なんだか仕事に興味がないというか、自分で進んで仕事を見つける、みたいなことが全くできないんですよね。そして、何度言っても変化がない」

こんなことをおっしゃる方が非常に多いなと感じています。部下育成はリーダーにとって普遍的な悩みなのかもしれません。そして、この話には続きがあります。リーダーとのやりとりの形で再現してみますので、読んでみてください。

私：「そんなことが起きているんですね。そもそも、その部下の方に成長してほしいと思っているのはどうしてですか？」

リーダー：「働いている中で仕事人として成長するのは当たり前じゃないですか！」

私：「そうなんですね。1つお聞きしたいのですが、この方を採用したのは○○さんですよね？」
リーダー：「はい、私です」
私：「その採用のときに、あなたの能力はまだ足りないから、入社したら成長するように、みたいなことってお伝えになってますか？」
リーダー：「いや、どちらかというと、人も足りなかったし、能力的にも欲しい人材だったので、特に成長という話はしなかったですね」
私：「そうですよね。それで入社した後で、急に成長と言われても、部下の方も戸惑うのではないでしょうか」
リーダー：「あ〜、確かにそうですね。急に私の言ってることが変わったように捉えている可能性はありますね」

この部下の例に限らず、夫婦関係や親子関係においても、私たちは相手に対する期待値をどんどん上げていく傾向があるように思います。「こうなってほしい」「こう変わってほしい」そんな願いや要求を相手にぶつけたり、密かに不満に思ったりしていること、意外と多いと思います。

相手からすれば、「そんなの聞いてないよ」という話で、こういったコミュニケーションは対立を生む原因になります。

ここで認識したいのは、**すべての物事は「変わっていくのが当たり前」**だということです。仏教ではこれを「無常」と呼びます。

先ほどの事例であれば、一緒に仕事をしていくなかで、上司はその部下に大きな可能性を感じ、さらに上のポジションや、責任のある仕事を任せたくなったのかもしれません。そして、そういった仕事を任せるとしたら、今の能力では足りないと感じた。

つまり、当初「そのままでいい」と感じていた同じ人物に対して、求める仕事のレベルが変わるにつれ「まだ足りない」という解釈に変化したということ。そして、「より良い仕事人に向けて、変わってほしい」と思うようになったのです。

こんな形で、私たちの感情や、とりまく状況は常に変化しています。ある意味、**同じ関係を同じ状態で続けていくのは不可能**であるということが言えるのです。

そこがわかると、「相手に変わってほしいと思うのは、自分が変わったせいかも」とか「相手に変わってほしくないと思うのは、そもそも無理かも」とか、「変わることも悪くないかも」などと、認識が変わるのではないかと思います。

「あの人は自分に対して
どんなことを
感じていると思う？」

【対比の構造からの脱却】

自分の感情に執着していないかを問う

「自分はこんなにやってるのに、周りがぜんぜんついてこない」

これは、私が接する多くのリーダーが口を揃えて言う言葉の代表例だったりします。大企業の経営幹部の方も非営利団体のリーダーの方も、学校の集まりの代表者も、スポーツチームのマネージャーも、チームを束ねる方なら共通の悩みかもしれません。

そして、この発言には1つの特徴があります。それは、「対比」という構図。**「私はやっている」に対して、「相手はやっていない」と対比させる構図**なんですが、これを**極端な二極化**と呼んだりしています。そして、この二極化が進むと最終的に「許せない！」という感情を生んでいきます。

この項で取り扱いたいのは、そんな「許せない！」という感情です。

私は40歳くらいのときに、「ヴィパッサナー瞑想」というブッダが説いた瞑想法を学べる10日間のコースに参加したことがあります。

そのコースの最終日に、「メッターバーバナー」、日本語で言うと「慈悲の瞑想」というものを教えてもらいました。

その瞑想では決まったフレーズを口に出しながら瞑想をしていくのですが、その最初の文言は次のようなものでした。

「私は、故意であったかどうかにかかわらず、自分を傷つけたすべての人（もの）を無条件で許します」というものでした。

それまでの私は、「許せない！」と相手に対して二極化して怒りを燃やすことも多かったので、この「無条件ですべて許す」というコンセプトは私の思考を根本から覆すインパクトがありました。

「許せないから叩く」「許せないからクレームを伝える」「許せないから関係を断つ」、そんなことを普通に考えていた自分に気がついたのは、まさにこのときです。そして、こういった考え方は自分本位で、相手に矢印が向いていない考え方だなと思い至りました。

「あの人は自分に対して、どんなことを感じてると思う?」は、そのとき生まれた問いです。自分の許す・許さないに執着するのではなくて、相手はどんなことを感じているのかを理解する努力をすることに活路があるのではと考えたのです。

周りの人は、一生懸命やっている自分をどう見ているのだろう?

「一生懸命やってるのはわかるけど、私たちに対する説明が足りないよね」

と思っている人もいるでしょうし、

「私は手伝ってあげたいと思うけど、ちょっと周りの目が気になるんだよね」

と思っている人もいるかもしれない。あるいは、

「私も一生懸命やっているのに、ぜんぜん認めてくれない」

と思っている人もいるかもしれません。

そんな相手の状況や感情に思考を巡らせることができれば、全く違う解決策が生まれてきます。

「自分とあの人で、どんな関係を作っていきたい？」

「自分とあの人でチームを組んだら、チームの長所と短所は？」

【チームビルディング】

対立の構図を作らない努力をしよう

あなたが人間関係に悩んだときに、ぜひ考えてほしいのは「未来の私たち」のことです。「過去の相手」や「現在の私」ではなく、「未来の私たち」について考えることが明るい未来を作っていきます。

私はアメリカの高校に通っていたことがあるのですが、そのときの日常には、「How are we doing（私たちって、どう？）」という表現がありました。意外と多くの友達や先生がこの言葉を使うので、最初は「どういう意味？」と戸惑ったりしましたが、「私たち」という単位で状態を確認するって大切なんだなと、その重要さを徐々に理解しました。

二人という単位は「チーム」の最低単位です。言い換えると、二人集まれば、そこにチームができます。あなたとその相手の方はどんなチームでしょうか？

そして、どんなチームに成長していきたいでしょうか。

これが、「自分とあの人で、どんな関係を作っていきたい？」という問いかけです。

その人との関係を継続したいと思っている方も、解消したいと思っている方も、まず一度、この問いについて考えてみてください。

私はチームコーチングという手法の専門家でもありますが、チームを取り扱うときに気を付けていることが1つあります。それは、**「チームという存在は個人の意思を凌駕する」**という法則です。

チームというのはとても興味深いもので、たとえば、チームメンバー全員が1つの事柄に「ＹＥＳ」と同意していたとしても、チーム内に流れる空気感によって「今回は見合わせようか」と、個々の意見とは全く異なる意思決定がなされていく、といったことが平気で起きたりします。そんな意味で、チームという存在は大きな影響力を持っていると考えています。

そのため、あなたと相手という「チーム」を語るときにも、その二人をチームと考えて、長所と短所を分析していくことが、問題解決の糸口になります。

あなたのチームにはどんな長所と短所がありますか？

ぜひ、考えてみてください。

「あの人との関係を本当にやめたいと思っている？」

【意思決定の先送り】

直情的な決定を避ける

カップルコーチングという手法があります。

これは、結婚している夫婦やお付き合いしているカップルに対して、コーチが間に入り、関係性を強めていったり、不仲を解消するための営みなのですが、このカップルコーチングは、関わるコーチも命懸けです。

先日お受けしたご夫婦は、結婚して10年ほど経ち、喧嘩が絶えないというお二人だったのですが、案の定、コーチングセッションの場でも二人は言い争いを始めてしまいます。

私もさまざまなメソッドを駆使して、より建設的に関わろうとするのですが、最終的に奥様のほうが激昂して、おもむろにコートを羽織って部屋を出ていかれました。それを見た私はご主人に「追いかけなくていいんですか?」とお聞きしたところ、「いいんです!」と一蹴され、最終的にお一人で帰っていかれました。

こんな修羅場を拝見した私は、「ああ、これでこの二人はお別れしていくのだろうな」と残念な気持ちになったのですが、それから数ヶ月後、「子どもを授かりました！」とご連絡をいただき、とにかくびっくりしたのを覚えています。

思い返せば、そのコーチングセッションで、「二人は、お互いに関係を本当にやめたいと思っている？」という問いかけを私からしていたことを、きっと潜在的に覚えてくださっていて、その問いについて、後日お二人で話をされたのだと思います。

人間関係というのは、売り言葉に買い言葉で、簡単に壊れてしまうものです。

だからこそ、「この人とはもう別れよう」と、瞬間的に思ったときこそ、この問いかけをして、**意思決定の先送り**をしてください。

言ってしまえば、相手と別れるのは簡単です。よくよく感情を再確認して考えて、本心から「別れたほうがよい」という結論が出たら、そのときにお別れすればいい。

直情的に即決すると、納得する結果に繋がりにくいと覚えておいてください。

「どうして相手が何かしてくれるまで待っているの?」

【他責な自分】

相手は「察してくれない」と知る

この問いかけは、**「相手が察してくれることを待ってしまっている自分」に気がつくための問いかけ**です。言い方を変えれば**「他責な自分」に気がつくための問いかけ**とも言えます。

人に対して、「どうして空気を読んでくれないんだ」なんて思う方は要注意。

そういう方には、「どうして自分から解決しようと行動しないの?」と問いたくなります。

たとえば、ある課題に対して、自分には、「もっと、こうしてほしい」という思いがあるのに、**「それに対して、自分からは解決を図りにいかない」という「不都合な真実はないだろうか?」**と問うてみてほしい。

あるお客様の事例です。

その方は、小売店チェーンを展開する会社に中途入社し、東京都内にある店舗のスタッフとして勤め始めたのですが、こんなことを私に訴えてきました。そのときの会話です。

「ベテランの先輩たちは好き勝手に自分の好きな時間に休憩を取ったり、好きな曜日に休みを入れたりしているのに、私は休憩も取れなければ、昼食もまともに食べられない状態なんです。はっきり言って、周りが新人いじめをしているとしか思えない。明日、退職願を出そうと思っているんです」

「退職願を出す前に、『意地悪しないでください』とかって伝えられないの？」

「そんなの言えるわけないじゃないですか！」

「どうして？　口があって話ができるんだから、物理的には伝えられますよね」

「そういうことではなくて、言ってもしょうがないじゃないですか」

「しょうがないかどうかは言ってみないとわからないのでは？」

「それはそうですけど」

「それに、もう辞める覚悟があるなら、その後の人間関係なんて考えなくていいから、ダメ元で言えますよね。**自分から解決を図るアクションを取ってもいいんじゃないかと思うのですが、いかがですか？**」

結局、その方は、「たしかに辞める前に自分の思いを伝えてもいいかもしれない」と考えて、自分の状態を先輩たちに伝えました。

すると、先輩たちは「えっ？　そんな状態だったの？　言ってくれれば手伝ったのに」と……。

そのお店は、店頭に並ぶ商品の品数も多く、ギフトラッピングを求めるお客様も多いため、なかなかお互いに声をかけあうことが難しい環境にあったようです。新人のその人がどんな状態か気にはなっていたものの、声をかける余裕がなかったようで、意地悪をするつもりはなかったことがわかったそうです。

この「どうして相手が何かしてくれるまで待っているの？」という問いかけは、周りが動いてくれるのを待っていても、なかなか周りは察してくれないということに気づいて、**自分から動くことを喚起するきっかけ**になります。

「どうして好きな人の悪口を言うの？」

【そもそも、なぜ一緒にいるのかな】

原因は、自分の期待値の高さ？

コーチングで人間関係についての相談を受けるとき、興味深いなと思うのは、さんざん相手の悪口を話している人に、「そんなに嫌いなら、別れてしまえばいいじゃないですか？」と言うと、「それができないから悩んでいるんです」なんて返されること。

職場の上司とか取引先とか、簡単に関係を切れない相手ならわかります。でも、その気になれば簡単に関係を断てる相手についても、そういうことをおっしゃるのです。

「じゃあ、実は相手のことが好きなんですね」と言うと、必ずと言っていいほど、「いや、そんなことはありません」と。

結局、「好きというほどではないけれど、文句を言っているのに一緒にいるということは、どちらかというと、ポジティブな感情のほうが強いのですね」と微妙な言い回しをすると、ようやく、「そうかもしれません」と……。

そこで、この**「どうして好きな人の悪口を言うの？」**という問いかけです。

本心では「ポジティブな感情を持っている相手」の悪口を、なぜ口にするのか？

そこにはどんな意味や理由があるのか？

この問いかけをすると、たとえば、夫婦なら「夫は、私に子育てをすべて任せて何もやってくれない」とか、割と具体的な理由が出てきます。

総じて言うと、**嫌いじゃない相手の悪口を言う理由は、相手への期待や愛情の裏返し**だということです。

相手への期待が大きくて、それに応えてもらえないと、それが相手への悪口とか愚痴になる。

「どうして好きな人の悪口を言うの？」というこの問いかけは、**ポジティブな感情を持っている相手に対して、自分がどんな期待を持っているかを知るうえで有効な問いかけ**ということになります。


ちなみに、いくら期待や愛情の裏返しでも、悪口は、相手に伝わると、言葉通りに解釈されてしまいかねません。

できるリーダーたちは、そのあたりをキッチリとわきまえていて、相手に対する悪口とか愚痴は、絶対に本人に伝わらないように気をつけています。

しかし、悪口とか愚痴は、溜めておくとストレスの元になりかねません。当然、溜め込むより吐き出すほうがよいのは自明の理。では、どうやって本人の耳に入らないように吐き出しているか？

昔の経営者の皆さんに定番だったのが飲み屋の女将ですが、たとえば現代なら、プロコーチの私のような完全な第三者。しかも、誰にも秘密を口外しないプロに吐露するのも一考です。

事実、私のコーチングを受ける経営者さんの多くが、コーチングの時間をそういった吐露する時間として使ってくださっています。「どうぞ、悪口や軽口など、普段人に言えない溜まっている感情を吐き出してください」とお伝えすると、とてもホッとした表情でさまざまな心模様を吐露してくださいます。

何かを解決することよりも、誰かに聞いてもらって、その感情を後にする、ということのほうが優先される瞬間は、経営者だけでなく、私たち誰にでもあるのではないでしょうか。

そんなときは、ぜひプロのコーチにご用命ください。きっとお役に立てると思います。……と、ここで少しコーチングのＰＲをしておきます（笑）。

「自分の思い、本当に伝わっている？」

【ハイコンテクスト＝伝えないとわからない】

日本のコミュニケーションは「ハイコンテクスト」

「コンテクスト」という言葉をご存じでしょうか。「背景」「状況」「場面」などの意味を持つ英単語で、一般的に「文脈」という意味で使われます。

日本語では「文脈を読んで理解する」という言葉が使われることもありますが、全ての背景情報や状況などを言葉にしなくても理解されるといった考え方をベースに言葉を使うことを「ハイコンテクスト」な表現、逆に相手の洞察力を過信せず、懇切丁寧に背景まで伝えるような言葉は「ローコンテクスト」な表現と言ったりします。

日本は「察する文化」というお話はすでにしましたね。つまり、日本では「相手の察する力」に依存する「ハイコンテクスト」なコミュニケーションが多くの場面で行なわれ、曖昧でハイコンテクストな言葉が許容されているということ。「全部を言わない」とか「主語を省く」ということが美徳ですらあります。

これが英語圏の場合は、言語的にもかなりローコンテクストな言葉遣いをしないと意図が伝わりません。沈黙している理由なんて察してもらえず、「言ってくれなくちゃわからないよ」と突っ込まれます。

私たちが心に思いながらも言葉にしないような事柄をいくつか事例として書いてみますので、当てはまるものがないか、あなたもぜひ確認してみてください。

細かなところに気づいて先回りしてくれて助かるよ
あなたのこと、とても大切に思っている
とても期待してるよ
よくやってくれてるね
ずっと一緒にやっていきたい
みんながやりたがらないことを引き受けてくれてありがとう
愛してるよ

こんな言葉たち、あなたの周りの皆さんはローコンテクストに聞きたがっているかもしれません。

そこで、この「自分の思い、本当に伝わっている?」という問いかけです。

もっとハッキリ言えば、**「自分のこの思い、伝わっていないんじゃないの?」**ということです。コーチングで、マネジャークラスの人が、「私はこんなに部下に期待しているのに、彼らはまるで積極性がないんですよ」という言葉を言っているのを聞いたときなどは、この問いかけを投げかけます。

「その期待する気持ち、部下の皆さんに本当に伝わっていますか？」

「言わなくてもわかるだろ」はまず通用しません。相手にハイコンテクストを期待せず、こちらからローコンテクストなコミュニケーションを心がけましょう。

第5章まとめ …「人間関係の悩み」があるとき…

●相手との関係性を定義して、これからの関係を考えてみる ●相手との関係性は変わって当たり前 ●相手の目線に立ってみる ●ＩではなくＷｅで考える ●直情的な意思決定は先送りにする ●「言わなくても察してくれる」など、相手に過度な期待をしない

第6章

一歩を踏み出したいときのすごい問いかけ

制約を外す、
現在地を再確認しよう、ナッジする、
イノベーションを生む異なる選択肢とは、
分岐路をつくる…、
未来志向で生きていくために、
問いかけたい言葉が本章にあります。

「何の制約もなかったら、どんな人生を送りたい？」

【未来志向のテッパンの問い】

制約から解放されてみる

これは、未来を問う問いかけのなかでも、「もし○○なら」を問う、コーチングでは「ワット イフ クエスチョン」などと呼ぶ、鉄板中の鉄板と言える問いかけです。

まず、最初にお伝えしたいのは、**「将来に不安を覚えること」は、ごく当たり前のこと**だということ。その証拠に、コーチを仕事にしていると、大企業の社長のような方から、「来期の業績が不安で仕方がない」などという悩みを打ち明けられます。

将来に不安を覚えることは、まったく恥ずかしくない。いや、それどころか、将来への不安がなくなるのは仕事を引退して隠居したときかもしれません。現役で頑張っている限りは、不安は消えないし、それがあってこそ成長できるとも言えるでしょう。

もう1つ言えることは、**人は夢中になって頑張っているときには不安を感じる余裕がない**ということ。もしあなたが今、不安を感じているなら、仕事が、階段で言うところの踊り場にさしかかっていて、少し考える余裕ができたということです。

ですから、私はよく、「将来に不安を感じる余裕があるということは、それなりに順調だということかもしれませんよ」などとお伝えします。

そうすると、「林さんは他人事だから、そんなことが言えるんですよ」なんて言われます。確かに、そのとおりですね。私も自分のことであればそんなに余裕を持てないかもしれないですが、人のことであれば客観視できるんです。

将来に不安があるときのあなたは、**目先の不安に踊らされている**可能性があります。ですから、「何の制約もなかったら、どんな人生を送りたい？」と、現実世界から一度思考を解き放ち、自由に「本来、やりたいこと」をイメージしてほしいのです。

ただ、私がこの問いかけをすると、一部の方はこうおっしゃいます。

「そんなこと考えてどうするんですか？　どうせ叶わないのに」

いやいや、だから「どうせ叶わない」という、自分で決めつけている制約も全部なくして、どんな人生を送りたいかだけを聞いているのに……。

この問いかけの最大のポイントは、そういう、自分で自分の人生における選択肢を狭めて、「不自由な未来」を想像してしまう傾向を、外してみるということです。

たとえば、私が同じ問いかけをされたら、こう回答します。

「私がやりたいことは、人類が新しいコミュニケーションを手にするきっかけを作り、それが実現された社会を自分の目で見ること」

今、あなたは、「なにを大それたことを」って思いましたか？

かもしれませんね。

言っている私自身、「まあ、だいぶ壮大な夢だな」って思います（笑）。

しかし、**「制約を外す」ことは、将来を設計するときには、マスト要件（絶対に必要なこと）だと思ってほしい**のです。一見、無理にしか聞こえない未来も、その実現の可能性を自分自身が否定しないことが、将来欲しいものを手にするための条件です。

わかりやすい例は大谷翔平選手です。彼が、「メジャーリーグで二刀流の選手として活躍してホームラン王になって年間ＭＶＰを獲得する」という、途方もない未来を最初から自分で否定していたら、今の彼はあり得ませんでした。

誰にでも、すべての制約を取り払って思考する自由があります。

自分への問いかけでは、問いかけの回答を人に話す必要もありませんから、恥ずかしがらずに、ぜひ、その自由を行使し、そして味わってください。

「自分が一番やりたいことを何が邪魔している？」

【現在地の再確認】

少し現実に戻るために

「阻害要因」を問うこと。これは、コーチングでは1つ前の問いかけ、「何も制約がなかったら何をやりたいか」に続けて、2番目に使うことが多い問いかけです。これはあなたの、**現在地を再確認するための問いかけ**となります。

たとえば、「なんの制約もなければ、会社から独立して起業したい」という思いがあるなら、「それを叶えることを阻害する要因はどんなことがある？」と考えてみる。

すると、「どうやって起業したらよいかわからない」とか「人脈がない」などといった具体的な要因が浮かびあがると思います。

ここで大切なのは、阻害要因がわかったところで、「やっぱりできない」という思考に向かわないことです。「やり方もわからないし、人脈もないし。ダメだ、こりゃ」とならずに、「じゃあ、どうしたらいいか？」へと向かってほしい。

この問いかけを、ぜひ、「できない」とか「なれるわけがない」という自分の思い込みなど、理想を実現するうえでのブロックを取り除くための起点にしていただければと思います。

「未来への第一歩を
踏み出すとしたら、一番簡単で
影響力が大きい行動は何？」

【Nudgeする】

行動を起こすための第一歩は「ナッジ」で

これは私の持論ですが、**将来への不安をなくす、もっとも簡単な方法は「行動を起こすこと」**です。

しかし、目標が壮大だったり、誰もやったことがない新しい領域への進出だったり、やるべき行動がかなり面倒なプロセスを伴うものだったりすると、なかなか動き出せないことがあります。要するに、はじめの一歩の歩幅が大きすぎるのです。

そんなときに問いかけてほしいのが、この問いかけです。

要は、**「簡単でありながら、第一歩として効果バツグンな行動は何か?」**に目を向けるのです。このような、「最初のひと押し」&「高い効果が見込める」の組み合わせを考えて行動することを、**ナッジ(nudge)**すると言っています。

ナッジとは、もともと「軽くつつく」というような意味を持つ言葉。ドミノの最初のひと押しとか、そんなイメージで、それ自体は簡単な動作です。軽くひと押しするだけで、その後ろに並べているたくさんのドミノが倒れていくという波及効果を生むようなアイデアを探すのです。

そんな**ナッジ**を意識してアクションプランを立てるための問いかけが、「未来への第一歩を踏み出すとしたら、一番簡単で影響力が大きい行動は何？」です。
ナッジは、少しオーバーに言えば、「気がついたらやっていた」程度の簡単な行動だと思ってください。そんな、一番少ない労力で、一番大きな影響とか結果を得られる行動を探すと、成功経験も積みやすく、第一歩のハードルをとても低くできます。

私の場合は、オンラインサロンを新たに運営したいとあるとき思い立ったのですが、サロンで運営する内容を考えたり、集客の方法を考えたり、集金や入退会のシステムを構築したり、グラフィックデザインを依頼したりと、やることがたくさんあるなと思って、ついつい後回しにして、全く着手できませんでした。

そんなとき、この問いかけを思い出し、一番簡単で影響力が大きいことってなんだ？　と考え、オンラインサロンのプラットフォームを運営する会社に問い合わせをすることを思いつきました。その会社のホームページに自分の名前や連絡先と簡単なサロンの方向性を書き込み、送信ボタンを押す。というところまで漕ぎ着けました。

すると、その会社の担当者からすぐにメールが届き、開設までの説明を受けること

未来の自分
ナッジしよう!
小さな第一歩

ができ、そして、その担当者が「次にやってほしいことはこれですよ〜」と順番に教えてくださるので、指示に従って作業をした結果、オンラインサロンの準備をとてもスムーズに、そして手厚いサポートを得ながら進める環境を手に入れられました。

もし私がまず問い合わせを先にするという選択をしていなければ、きっと一人で思い悩みながら、途中で諦めてしまっていたのではないかなと思います。

コーチングでは、つい張り切って、コーチと大きな約束をしてしまう人がいます。「やりたいことを実現するために、これから毎日、1時間勉強します！」

そんな宣言を聞くと、「本当にできるの？　もっと、本当に続く、これくらいだったらできるよという目標でいいのに」って思ってしまいます。

1時間どころか、30分でも15分でもいい。それどころか、最初は、「明日、3分だけ勉強します」だっていい。「1日1回、10秒くらいは勉強します」でもオーケー。

課題を小さく分けることを「チャンクダウン」と言います。ぜひ、この発想で、第一歩、そして、マイルストーンを小さくしてください。

「自分の人生、本当にこのままでいいと思う？」

【チャレンジ】

「明日からやろう」の「明日」は永遠にこない？

この問いかけ、かなり心にグサッとくるものがありますよね。これを問われれば、「いや、そんなことはない」と内心思うのではないでしょうか。

これは、コーチングの手法で言えば「チャレンジ」にあたります。少々、耳が痛い問いかけです。そして、この問いかけこそ、**本書を手に取ってくださったあなたに、もっと「このまま、チャレンジしないままでいるんですか？」とも問いたいこと**なのです。

それこそ、「人生の最後の瞬間に、自分の人生を回顧したとしたら、本当に満足のいく人生だっただろうか？」という問いとして考えてみてほしいのです。

もし「後悔しそうだな」と思えたとしたら……。将来を漠然と不安に思っている場合ではありません。今、動きましょう！　それが、私がお伝えしたいメッセージです。

落とし穴は、「明日からやろう」です。「明日から」の「明日」は、得てして永遠にやってきません。**大切なのは、明日ではなく、今です！**

あなたの可能性は、こんなものではないはずです！　今から、動きましょう！

「人生のなかで一番やりたくないことは？」

【やりたいことがわからないとき】

「やりたいことがわからない」ときの必殺技？

「林さん、将来への不安をなくす、もっとも簡単な方法は『行動を起こすこと』と言われても、そもそも、将来、何をやりたいかがわからないのですよ」

そろそろ、そんな声が聞こえてきそうですね。

私が駆け出しのプロコーチで経験が浅かった頃であれば、「いや、答えは必ずあなたの心のなかにあります」などと、杓子定規なことをお伝えすると思うのですが、いくらそんなことを言われても、わからないものはわからないわけです。

そこでこの問いかけです。これは、**「やりたいことがわからない」という方に有効な「逆を照らす」問いかけ**です。

ある作家は、自分が将来何をやりたいかがまったくわからなかった学生の頃、**「じゃあ、絶対にやりたくないことは？」**と考えて、「背広を着て、毎日、通勤電車に乗るのだけは無理」という答えが出て、結局、フリーランスになったそうです。

やりたくないことを具体化して消去していくと、やりたいことが見つかることがあります。あなたが絶対にやりたくないと思っていることは何ですか？

「今まで選んだことのない選択肢は？」

【異なる選択肢がイノベーションを生む】

過去よりも良い未来を手にするために

行動を起こすとき、古い選択肢を選ぶと、今まで通りの結果しか得られない……いや、変化の激しい現代では、今までと同程度の結果すらも、得られないかもしれません。ですから、**過去よりも良い新しい未来が欲しいのであれば、結果を得るためには、選んだことのない選択肢を選ぶ必要があります。**

これは、そのことに気づくための問いかけです。

かのスティーブ・ジョブズは、有名なスタンフォード大学でのスピーチにおいて、自分が大学を中退して、好きな授業だけに参加していた頃、「文字を美しく見せる手法であるカリグラフィー」を学んだことが、のちにコンピューターを開発するとき、美しいフォントを生み出すことに役立ったという例を挙げて、「一見、なんのつながりもない、点と点が、振り返ってみると、線としてつながっていることがある」という意味の話をしています。

今までに選んだことのない選択肢が、過去の経験とつながり、新しい何かを生み出すイノベーションに化けることがあるかもしれないのです。

「自分の能力を最大に発揮できたら、どんな未来が待っている？」

【自分を過小評価してない？】

最高の自分の状態を想像する

自分にはどんなことができるだろうか、と自分の能力や可能性をしっかり見つめる欧米人に対して、なぜか、**日本人には、自分の能力を過小評価する人が多い**ような気がします。将来に不安を覚えるのも、そんな、自分に対する自信のなさが影響しているのではないでしょうか。

この「自分の能力を最大に発揮できたら、どんな未来が待っている？」という問いかけは、**「あなたは十分に能力を持っているのだから、もっとそれを信じて、自信を持って、つかみたい未来を創っていきましょうよ」という問いかけ**です。

序章で「コーチングとは？」という定義をしたのですが、覚えていますでしょうか？　私は、こう定義しました。

「コーチングとは、対話によって相手の可能性を最大化させる手法」

コーチというのは、自分以上に自分の能力を信じてくれる存在です。そして、「あなたならできる！」とエールを送ってくれます。なぜなら、コーチは、ほとんどの人が自分の能力に気がつかず、自分を過小評価していることを知っているから。

わかりますか？ ということは、**自分で自分に問いかけるとき、自分を信じて、自分の能力を最大化させるのは、ほかでもない自分**なのです。

私の知人の会社員、Yさんは、総務部に所属していましたが、ある日、突然「社長秘書を兼任してほしい」と人事課長から打診されて、おおいに不安になったそうです。

その不安を払拭してくれたのが、同じ係の先輩の言葉でした。

先輩は、「社長秘書なんて、自分に務まるだろうか？」と不安な思いのYさんに、こんな言葉をかけてくれたそうです。

「Yさんなら大丈夫」

この、まるでコーチのような先輩のひと言で、Yさんの不安は氷が解けるように小さくなったということです。

多くの人は、自分の能力に気がついていないだけ。まずは自分で自分を信じて、「未来についてワクワクすること」を自分に許してください。

「これが本当に自分の精一杯？」

——【チャレンジ再び】

多くの成功者が、自分に問いかけている言葉

少し刺激が強い表現で、自分にエールを送るこの問いかけは、ひと昔前のコーチングでは頻繁に使われたものでした。

しかし、最近のお客様に使うと、こんな回答が返ってきます。

「じゃあ、もういいです。これ以上頑張るくらいなら、もう充分です」

そういう方が増えて、この問いかけは私も最近あまり使わなくなりました。

そんな問いかけを、あえて紹介するのは、実はこの問いかけが、**「多くの『成功者』と呼ばれる人たちが、自分に対して繰り返して問いかける、魔法の言葉」**だからです。

成功者って、実は見えないところで、人一倍の努力をしています。その努力の支えになっているのが、この「自分はまだ、こんなもんじゃない。まだまだ、精一杯じゃない」という問いかけなのです。

ある営業マンの話です。

その方は、いわゆる電話営業の仕事をしていました。毎日毎日、見ず知らずの方に

電話をかけて、注文を取るのが仕事。電話をかける相手の99％は、自分の商品に興味がない相手です。話の途中でガチャ切りされるのは日常茶飯事。ときには、「忙しいときに、くだらない電話をかけてくるな！」とキレられることもあります。

そんなツラい営業電話をかけている最中、その人がずっと考えていたこと。

それは、次のひと言でした。

「もう1本！」

電話をかける本数が増えれば、数の論理で成約件数も増える。それがわかっていたその方は、「そろそろ昼食にしようか」「もう今日は仕事を終わりにしようか」と思ったところで、**「いや、まだ限界じゃない。もう1本だけ電話しよう」**と、常に自分にエールを送っていたそうです。

そんな努力が活きて、今では、電話営業の会社を起業し、成功をおさめています。

自分は成功者になりたい！　もっと成長したい！　そんな方は、ぜひ、自分に対して、「これが本当に自分の精一杯？」という問いかけを使ってみてください。

「チャレンジした人生と、
チャレンジしなかった人生。
それぞれどうなっていると思う？」

【分岐路をつくる】

両方の未来を想像して、選ぶのは自分自身！

自分への問いかけで、自分をコーチングする旅。いよいよ、最後の問いかけです。

「チャレンジした人生と、チャレンジしなかった人生。それぞれどうなっていると思う？」

将来に不安を感じている人は、おそらく、**チャレンジしないまま終わってしまった将来の自分の姿がチラついている**のではないでしょうか。

何度かお伝えしているように、過去は変えられませんが、未来は、今からでも変えることができます。

だったら、いたずらにネガティブな未来ばかりを思い描いて不安になるのではなく、思いきりチャレンジしたポジティブな未来についても想像してみてほしい。

本章の最後に私の話をさせてください。

私は親の資金でアメリカの高校に留学し、ＮＡＳＡに一番多くの人材を送っているという、航空力学専門の大学に進学することが内定していました。将来の夢はＦ１という世界最高峰の自動車レースでレーシングカーをデザインすること。そんな夢を抱き、人生は上々だ！　と思っていました。

ところが……。

そんなタイミングでバブルが弾け、親の会社が危機に陥って、夢半ばにして帰国を余儀なくされました。夢を追いかけていた生活から一変して、一介の労働者として、建築現場で働くことになってしまったのです。

そこは、ラジオ体操で１日が始まり、お昼のカレーライスにカツを乗せるにはちょっと財布の中身が寂しいという薄給で、夕方仕事が終わると、他の職人さんとコンビニで買ったカップ酒で乾杯して囲碁を打つ……と、そんな生活を繰り返す毎日でした。

そんな毎日、私はずっと**「このままでは終わらない」と、自分に伝え続けていました。**

誤解がないようにお伝えしたいのは、建築現場の仕事とレーシングカーのデザイナーという仕事の優劣をつけようとしているわけではないということ。ここはどうぞ、ご理解いただければと思います。あくまで、私が目指していた仕事と、現実的にやっている仕事の落差が大きかったということです。

当時の私が、自分自身にこの「チャレンジした人生と、チャレンジしなかった人生。それぞれどうなっていると思う？」という問いをしたとすれば、チャレンジしなかった人生は……う～ん、考えたくないなと答えると思います。なんとなく想像できちゃうな、とも感じたはずです。そして、その道を選ぶ選択肢はありえないなと断言したでしょう。

そして、私は結果的に「チャレンジする人生」を選択することにしたんだと思います。その結果、私は読者の皆さんにこうして紙面上でお会いすることができました。こんなご縁に感謝すると共に、私は自分の決断を誇らしく感じています。

私はなにも、「チャレンジしない未来」が悪くて、「チャレンジする未来」が素晴らしいというつもりはありません。チャレンジングな未来より、静かに現状維持の生活を送ることを好む人だっているからです。

どっちの未来を選ぶかは、あなたの自由です。

ただ、**両方の未来を想像することは、ぜひ、やっていただきたい。**現状に不満があるなら、なおのこと、「チャレンジした未来」について、本気で想像してほしいのです。

その想像をしたときが、必ずあなたの人生の分岐点になります。

第６章まとめ…一歩を踏み出す勇気がほしいとき…

●やりたいことのために「制約を外す」 ●自分の現在地を再確認する ●ナッジできる行動を探す ●やりたいことが見つからないなら、やりたくないことを見つける ●選んだことのない選択肢を選ぶ ●チャレンジするかしないか両方の未来を想像する

おわりに　ネガティブ感情に支配されてしまったときに

最後まで読んでいただき、ありがとうございました！

自分への問いかけの旅、いかがだったでしょうか？


本書では、人が日々、仕事や生活をする上で感じる、「迷う」「悩む」「不安になる」「気おくれする」など、さまざまな感情について取り上げました。

おそらく、誰であっても、こうしたネガティブな感情に支配されてしまう瞬間というのがあると思います。

私は、2010年にコーチとして独立し、これまで、人の悩みにずっと関わってきました。その経験から実感するのは、本文でもお伝えしたように、たとえどんな成功者であっても、「ネガティブな感情に支配される瞬間」はあるということです。

ですから、今、「迷う」「悩む」「不安になる」「気おくれする」などの感情にさいなまれている方には、声を大にして伝えたい。

「それは、あなただけの感情ではありませんから、安心してください」

では、誰にでもある感情でありながら、なぜ、周りから見ると「まるで悩みがないように見える人」や「自信たっぷりで、まったく迷いがないように見える人」がいるのでしょう？　いったい、そういう人たちは何が違うのか？

答えは簡単です。

そういう人たちは、**ネガティブな感情に支配されたときの所作が違う**のです。

所作というのは、つまり、対処法ですね。

そういう人たちは、「迷う」「悩む」「不安になる」「気おくれする」などの感情になったから、もうやめてしまうとか、飲み屋で不平不満をぶちまけて、翌日には一時的にはさっぱりして忘れてしまうとか、そういう対処の仕方をしていません。

では、どうしているのかというと、まさに「自分への問いかけ」をしているのです。

さまざまな**「自分への問いかけ」を駆使して、自分なりの答えを導き出し、自らを良い方向へと導いている。**少なくとも、ずっとコーチをやってきて、成功者と呼ばれる人たちにはそういう傾向が多く見られました。

ちなみに、私がうまくいかないときに唱える言葉は、

「イチローでも3割」

です。あの素晴らしい名手でも打率は3割。つまり成功確率って、そんなもんだったりします。私たちの普段の生活のなかであれば、3割以下でも万々歳！　そう受け入れてしまいましょう。だからこそ、昨日よりちょっとでもできたことを喜ぶ。ポジティブなことに集中してほしいと思います。

ネガティブな感情に支配されてしまったときは、直情的な反応をしたり、悶々と悩んだりするのではなく、本文でお伝えした、さまざまな「自分への問いかけ」を、ぜひケースバイケースで使ってみてください。それが、あらたな道への第一歩のきっかけになるかもしれません。

本書の「問いかけ」を効果的にするコツを最後にお伝えして、ペンを置きたいと思います。

・質問のフレーズを勝手に変えて自分の解釈にしないこと。そのままの形で問うことで効果が出ます。

・すぐに答えが浮かばなくても大丈夫。潜在意識が仕事をしてくれると信じて「寝かす」こと。数日中にふと、ひらめくことがあるので、その最高の瞬間を自分で殺さないようにしてください。
・うまくいかないと感じたら、ブレイクスルーすることがあります。コンディションのよいときに、また同じ問いを問うてみる。すると、ブレイクスルーすることがあります。

そして、いつも、自分の可能性を圧倒的に信じることを忘れないでください。

この本の最初にお伝えした言葉を、もう一度ここであなたに贈ります。

「自分への問いかけの質が上がれば、人生の質が上がる」

自分への「質の高い問いかけ」を習慣化することで、どうか、より良い未来を手に入れてください。本書が、そのお手伝いの一端となれば幸いです。

林 健太郎

もっと林健太郎の
コーチングを知りたい方へ

林健太郎が代表を務める……
合同会社ナンバーツー

https://number-2.jp/

これまでの常識が通用しない不確実な時代。新しい未来を自分たちの手で創り出していく時代。より良い未来と本気で向き合う組織を育てるため、どこよりもヤバイコーチングファームを追究します。

X(旧Twitter)
否定しない会話の達人(@ youleadicoach)

https://x.com/youleadicoach/

note

https://note.com/kentarohayashi/

オンラインサロン
否定しない会話の学校「ミラタネ」

https://lounge.dmm.com/detail/7330/index/

大切な人との会話、上手にできていますか？　オンラインサロン、始めました！

本文デザイン　中原克則 (STANCE)
本文イラスト　富永三紗子
Ｄ Ｔ Ｐ　キャップス
編集協力　西沢　泰生
企画協力　糸井　浩

著者紹介

林　健太郎　合同会社ナンバーツー
エグゼクティブ・コーチ。一社）国際コーチ連盟日本支部（当時）創設者。
1973年、東京都生まれ。エグゼクティブ・コーチングの草分け的存在であるアンソニー・クルカス氏との出会いを契機に、プロコーチの道へ。2010年に独立し、フィリップ・モリス社、フェラーリ社をはじめ大手企業などでコーチング研修や認定講師を務め、多くの実績を積む。
「なるべく愉快に」をモットーに精力的に活動中の著者が、本書では自分に問いかけると脳が自動的に思考を深める言葉を紹介。セルフコーチングの小さなひと言の大きな効果を是非、実感してください。

いまを抜け出す「すごい問いかけ」

2024年３月５日　第１刷

著　者　林　健太郎
発行者　小澤源太郎

責任編集　株式会社 プライム涌光
電話　編集部　03(3203)2850

発行所　株式会社 青春出版社
東京都新宿区若松町12番１号 〒162-0056
振替番号　00190-7-98602
電話　営業部　03(3207)1916

印刷　共同印刷　　製本　フォーネット社

万一、落丁、乱丁がありました節は、お取りかえします。
ISBN978-4-413-23348-4 C0030
© Kentaro Hayashi 2024 Printed in Japan

本書の内容の一部あるいは全部を無断で複写(コピー)することは著作権法上認められている場合を除き、禁じられています。

ラクにのがれる護身術
非力な人でも気弱な人でもとっさに使える自己防衛36
ヒーロ黒木

○×ですぐわかる！
ねんねのお悩み、消えちゃう本
ねんねママ（和氣春花）

1日3分で変えられる！
成功する声を手にいれる本
〝声診断〟ヴォイトレで、仕事も人生もうまくいく！
中島由美子

「水星逆行」占い
「運命の落とし穴」が幸運に変わる！
イヴルルド遙華

不動産買取の専門家が教える
実家を1円でも高く売る裏ワザ
〝思い出のわが家〟を次の価値に変える！
宮地弘行

青春出版社の四六判シリーズ

つい「自分が悪いのかな」と思ったとき読む本
ずっと心を縛ってきた「罪悪感」がいつのまにか消えていく
内藤由貴子

源氏物語
紫式部が描いた18の愛のかたち
板野博行

図説 ここが知りたかった！
伊勢神宮と出雲大社
瀧音能之［監修］

9歳からの読解力は家で伸ばせる！
国語・算数・理科・社会の学力が一気に上がる
苅野 進

夫婦で「妊娠体質」になる栄養セラピー
溝口 徹

お願い　ページわりの関係からここでは一部の既刊本しか掲載してありません。
折り込みの出版案内もご参考にご覧ください。